Blühen lassen

Patrick Todjeras
Michael Herbst

Blühen lassen

Wie Gemeinde vor Ort gedeihen kann

EVANGELISCHE VERLAGSANSTALT
Leipzig

Die Deutsche Nationalbibliothek verzeichnet diese Publikation in der Deutschen Nationalbibliographie; detaillierte bibliographische Daten sind im Internet über http://dnb.dnb.de abrufbar.

Printed in Germany

Das Buch wurde auf alterungsbeständigem Papier gedruckt.

Bei Fragen zur Produktsicherheit wenden Sie sich bitte an info@eva-leipzig.de.

Gesamtgestaltung: makena plangrafik, Leipzig
Coverbild: fotolesnik/Adobe Stock
Korrektur und Lektorat: Susan Langbein, IMK
Druck und Binden: BELTZ Grafische Betriebe GmbH, Bad Langensalza

ISBN 978-3-374-08027-4 // eISBN (PDF) 978-3-374-08028-1
www.eva-leipzig.de

Endorsement

»Blühen lassen« ist kein Buch über kirchliches Wachstum, sondern über das gute Leben im Glauben – über Gemeinden, die aufblühen, weil sie aus der Gnade leben. Michael Herbst und Patrick Todjeras zeichnen ein theologisch tiefes und zugleich praxisnahes Bild davon, was es heißt, als Kirche unter realen Bedingungen zu gedeihen: Verwurzelt, fruchtbar, standhaft. Sie zeigen, dass Aufblühen – im Sinne des biblischen »Flourishing« – mehr meint als Erfolg oder schöne Stimmung. Es geht um ein gut gelebtes Leben, ein Leben, das gut verläuft und sich gut anfühlt – untrennbar verbunden, getragen von Beziehungen, Sinn und Treue. In Zeiten kleiner werdender Kirchen braucht es genau diese Sprache und diese Bilder: Aufblühen statt aufgeben. Gemeinden, die nicht um Zahlen kämpfen, sondern um Frucht. Gemeinden, die sich vom Evangelium nähren und in ihrer Umgebung Gutes wachsen lassen – wie ein Baum, »gepflanzt an den Wasserbächen«. Dieses Buch schenkt Hoffnung, Tiefgang und Richtung – für alle, die Kirche nicht als Betrieb, sondern als lebendiges Zeugnis verstehen wollen.

Daniela Mailänder, Referentin für missionale Gemeindeentwicklung mit Schwerpunkt Kirche Kunterbunt und MUT der ELKB
midi – Evangelische Arbeitsstelle für missionarische Kirchenentwicklung und diakonische Profilbildung

Blühende Gemeinden in kleineren Kirchen: Es wächst viel mehr, als wir oft denken. Das hat mit einer geistlichen Grundhaltung, mit wacher Zeitgenossenschaft und mit Qualität zu tun. Ein Buch, das Lust macht, wachsen zu lassen.

Steffen Kern, Pfarrer, Journalist und Präses des Evangelischen Gnadauer Gemeinschaftsverbandes, Mitglied der EKD-Synode und der Evangelischen Landessynode Württemberg

Dieses Buch denkt Gemeinde nach vorn – mit Humor, Hoffnung und Bodenhaftung. Es fragt nicht, wie man den Niedergang schönredet, sondern wie kirchliches Leben unter realen Bedingungen aufblühen kann. Statt in Klage, Strukturfixierung oder Erklärungswut zu verharren, lädt es dazu ein, von der Idee des *Flourishing* her neu auf Gemeinde zu schauen: als Ort gelebter Glaubenspraxis, gemeinschaftlicher Vitalität und geistlicher Widerstandskraft. Zwischen Theologie und Alltag entsteht so eine Sprache des Aufblühens: ehrlich, bibelverwurzelt und mit einem Augenzwinkern. Das Buch zeigt, dass *Flourishing* kein naiver Optimismus ist, sondern ein Vertrauen darauf, dass Gottes Verheißungen auch in Zeiten des Schrumpfens tragen.

Prof. Dr. Sabrina Müller, Lehrstuhl für Praktische Theologie, Evangelisch-Theologische Fakultät der Universität Bonn, Projektleiterin am universitären Forschungsschwerpunkt Digital Religion(s), Universität Zürich und Research Fellow at the Discipline Group Practical Theology and Missiology, Faculty of Theology, Stellenbosch University

Inhaltsverzeichnis

1.

Wie wir über Gemeinde nach vorne denken – mit Humor, Hoffnung und Handfestem

1.1 Erst die gute Nachricht

Über die Zukunft der Gemeinde wird seit Pfingsten (Apg 2) immer wieder nachgedacht – mal bei Kerzenschein, mal unter Neonröhren, oft beim Kaffee. Auch wir tun das hier. Freilich tun wir es in Zeiten, die kaum ›gute Nachrichten‹ für die Kirche kennen. Ist das überhaupt angebracht?

In den aufregenden Zeiten rund um den Fall der Berliner Mauer und die deutsche Wiedervereinigung (1989/90) kündigte der damalige Bundeskanzler Helmut Kohl an, im Osten des wiedervereinigten Landes werde es bald wieder ›blühende Landschaften‹ geben. Jahre später plakatierte die CDU im Bundestagswahlkampf 1998 noch einmal so und warb darum, ›blühende Landschaften‹ (will sagen: CDU) zu wählen. Ob und inwiefern es dazu kam, ist umstritten, muss aber – Gott sei Dank – hier nicht geklärt werden. Hier soll es um die christlichen Gemeinden gehen und um die Frage, ob man ihnen auch ›blühende (Kirchen-)Landschaften‹ in Aussicht stellen darf – oder ob wir nur noch kirchliches Brachland vor uns sehen werden.

Wer so fragt, lässt jedenfalls ahnen, dass die Aussicht auf ›blühende Landschaften‹ nicht intuitiv naheliegend ist. Unser Buch titelt ›Blühen lassen‹ – dabei kennen kirchliche

Statistiken (wenn es um Mitgliedschaft, Zustimmung zu zentralen Überzeugungen des christlichen Glaubens, Gebetspraxis oder Gottesdienstbesuch geht) nur eine Richtung: abwärts. Es könnte wie ›das Pfeifen im Wald‹ klingen, das die anstimmen, denen es im dunklen Gehölz graust, nachdem sie sich verlaufen haben. Sollten wir also besser titeln: »Trauerarbeit im kirchlichen Schrumpfen« oder »Trotz Niedergang Kirche sein«?

In der Tat soll es auf den folgenden Seiten um blühendes Gemeindeleben gehen. Unser Fokus ist auf Gemeinden gerichtet. Wir setzen die Ab- und Umbrüche dabei voraus, ohne sie ein weiteres Mal en détail auszuleuchten. Und wir fragen, wie Gemeinden auch in Zeiten der Ab- und Umbrüche gedeihen, aufblühen und fruchtbar ihren Dienst tun und vital als Gemeinschaft derer existieren können, die als Minderheit in einer weithin säkularen Gesellschaft ihr Vertrauen auf Jesus Christus setzen.

Wir sind davon überzeugt, dass das möglich ist. Wir werden nicht so tun, als ließe sich *der Trend umkehren*. Wir sagen nicht, dass es schon nicht so schlimm kommen wird. Wir gehen wie viele andere davon aus, dass sich mittelfristig die christlichen Kirchen in einer Minderheitenlage (›Diaspora‹) befinden werden – und sich damit auch abfinden müssen. Aber wir sind ebenso überzeugt, dass christliche Gemeinden überall im Land existieren werden, die das Evangelium feiern und durch Wort und Tat bezeugen. Gemeinden, die sich nicht in eine Nische zurückziehen, sondern selbstbewusst in der Gesellschaft zu Wort melden und einmischen. Gemeinden, die auch wieder Menschen vom Glauben überzeugen und für das Miteinander gewinnen werden. Gemeinden, die den Glauben an den dreieinigen, barmherzigen und handlungsstarken Gott im Land repräsentieren. Blühende Gemeinden in einer kleineren, ärmeren, vielleicht auch periphereren Kirche.

Auf den folgenden Seiten geht es nicht um trotzigen Optimismus, illusionäre Erwartungen oder gar störrisches Negieren der harten Zahlen. Aber es geht darum, den Verheißungen Gottes zu trauen, die neue Lage nicht nur als Schicksal, sondern auch als Berufung und Herausforderung anzunehmen und dann zu fragen, wie gemeindliches ›Flourishing‹ aussehen kann. ›Flourishing‹, das ist die spezifische Perspektive, unter der wir das Thema ›Gemeinde‹ betrachten. Wir schließen dabei an die internationale Forschung zum Thema ›Human Flourishing‹ an, die in unterschiedlichen wissenschaftlichen Zusammenhängen danach fragt, unter welchen Umständen menschliches Leben und Zusammenleben aufblüht. Eben auch: als christliche Gemeinde aufblüht – unter realen Bedingungen. Und das wäre wirklich eine gute Nachricht: Blühende gemeindliche Landschaften sind tatsächlich möglich.

1.2 Drei Stolperfallen – und wie wir elegant darüber steigen

a Der Klagemodus (a. k. a. »Wir hatten ja nüscht!«)

Es gibt das Lamento in Dur, Moll und Endlosschleife: »Der Letzte macht das Licht aus!« Sich zu beklagen, ist fast reflexartig an der Tagesordnung: »Die Leute glauben ja nichts mehr!« oder »Jetzt nehmen die da oben uns unsere Pfarrstelle weg!« Oder gerne auch: »Wir werden immer weniger!« Dass es vieles gibt, das einem Kirchenliebhaber das Herz schwer machen kann, ist ja unbestritten. Aber die Dauerklage droht uns geistlich kurzatmig werden zu lassen. Wir verlieren dann mitten in der Kirche Gott aus den Augen. Wir übersehen, was gelingt, Resonanz erzeugt und Menschen gut tut. Uns tut der Hang zum Grübeln nicht gut. Und theologisch ist das heikel: Wer meint, Gottes Ehre sei von unserer Laune abhängig, überschätzt die eigene Fernbedienung. Oder mit dem Gesangbuch zugespitzt gesungen: »Jesus lebt. Wer nun verzagt, lästert ihn und Gottes Ehre« (EG 115,3).

Wir denken: für das Gute danken, die spürbaren Abbrüche Gott hinhalten und ihm klagen (anstatt uns zu *beklagen*). Die Klage gehört ins Gebet. Und wie in den Psalmen erwächst daraus neues *Vertrauen*. Vielleicht sogar: Mut. Wir üben uns auch in dieser Hinsicht in der Nachfolge des Gekreuzigten, indem wir Schweres und Mühsames *nicht wegreden*, zugleich aber Gott *nicht wegräumen*. Klagevesper statt Klagemühle.

b Die Struktur-Falle (a.k.a. »Wenn wir nur die halbe Stelle retten ...«)

Strukturen sind wichtig – aber sie sind (nur) *Gefäße*, keine *Quelle*. Ein neues Schaubild rettet keine Seele. Eine Stelle oder ein Gebäude allein erneuert keine Gemeinde (auch wenn sie nützlich sein können). Wenn man die vielen (tatsächlich ja meist unausweichlichen) Struktur- und Reformdebatten anschaut, fällt auf, dass sich das *Strukturthema* (Zuschnitt von Parochien, Stellenpläne, Fusionen, Gebäudebedarfsplanungen) zuweilen nicht nur sehr breit macht, sondern auch von geistlichen und theologischen Haltungen und Perspektiven isoliert. Wir debattieren über

Verzicht und Bewahrung, als seien die Gemeindehäuser, Pfarrstellen und Gottesdienstpläne an sich bewahrenswert. Sie sind es unter Umständen ja auch – aber nur insofern sie dem dienen, was Kirche zur Kirche macht: der Kommunikation des Evangeliums, dem Auftrag, Gottes Liebe zu bezeugen, der Gemeinschaft der Getauften und Gäste und dem Dienst an denen, die in unseren Lebenswelten immer zu kurz kommen.

Anders gesagt: Unsere Frage muss immer zuerst sein, *wozu* es uns gibt, was unser *Auftrag* hier und heute unter veränderten Bedingungen ist, wie *gerade wir* ihm gerecht werden wollen (Strategie) – und dann: was wir dafür brauchen, und wie wir unsere knappen Ressourcen fair im Blick auf die konkreten Aufträge vor Ort und in der Region verteilen.

In der Wirtschaft heißt das: »Structure follows strategy!« Und im Design: »Form follows function!« Das schärft den Blick für Nötiges und Nicht-ganz-so-Nötiges. Darüber hinaus verhandelt es sich besser über Strukturprobleme, wenn Verantwortliche in der Kirche miteinander und vor Gott zusammenfinden, einander vertrauen lernen und gemeinsam auf Gottes Zuwendung hoffen. Wenn also Raum ist für ehrlichen Austausch und gemeinsames Suchen nach Gott.

Martin Abraham unterscheidet

- zwischen dem, was die Kirche lebendig *macht* und am Leben *erhält* (die sogenannten ›Konstitutiva‹, in reformatorischer Sprache ›Wort und Sakrament‹),
- zwischen den erhofften *Wirkungen* des Evangeliums unter uns wie z. B. Gemeinschaft, Gotteslob, Zeugnis

und Dienst (das nennt er die ›Vitalia‹, die Zeichen der Lebendigkeit von Kirche)

- und schließlich zwischen den vielen *strukturellen Aspekten* des kirchlichen Lebens, die dem Werden und Gedeihen der Kirche dienen sollen, aber in ihrer Ausgestaltung nicht eindeutig festgelegt und nicht für alle Zeiten fixiert sind (den sogenannten ›Adiaphora‹ oder ›Mitteldingen‹, also den Strukturen, Zeremonien, Finanzierungen, Personalplänen usw.).[i]

Darin steckt ein *Gefälle* im Blick auf Wichtigkeit und Dringlichkeit. Und eine Arbeitsanleitung, die uns zu mehr Klarheit verhilft: Erst das *Evangelium*, dann seine erhofften *›Früchte‹*, dann die unterstützenden *Strukturen*.

Unser Vorschlag: Wir beginnen beim *Herzschlag* (Christus verkündigen, Sakramente zugänglich machen), prüfen die *Lebenszeichen* (Menschen glauben, versöhnen, dienen, loben und finden zusammen) – *dann* schrauben wir am Äußeren. Eine Strukturreform, die dazu führt, dass das Evangelium nur noch *homöopathisch* dosiert weitergereicht wird, wäre eine Medizin, die schlimmer ist als die Krankheit.

c Die Erklärbär-Falle (a. k. a. »Ich sag dir mal, warum alles so ist!«)

Es gibt beeindruckend sichere Analysen, warum »wir hier stehen, wo wir stehen« – samt Täterliste und Masterplan. Einfache Antworten auf komplexe Fragen sind aber auch in der Kirche keine wirklich hilfreiche Lösung. Dass wir da sind, wo wir heute sind, hat vielfältige Ursachen. Außerdem ist nicht immer das Erkunden der Ursachen die beste Strategie. Vielleicht ist nach der nüchternen Bestandsaufnahme, dass wir stehen, wo wir stehen, der Blick nach vorne sinnvoller, also die finale statt der kausalen Frage: Wozu sind wir hier? Was sagt uns das? Wozu beruft uns Gott jetzt?

Jesus hat einmal einer allzu selbstgewissen Ursachenanalyse (bei der schweren Beeinträchtigung eines Jungen durch seine Blindheit) widersprochen und aus der Frage nach dem *Warum* die Frage nach dem *Wozu* gemacht: »… damit die Werke Gottes offenbar werden« (nach Joh 9,3). Wir schlagen also vor, vorwärts zu fragen: Wozu sind wir jetzt gesandt? Wo wird Gottes Werk *hier* sichtbar? Oder: weg vom Warum-Museum, hin zur Wozu-Werkstatt.

1.3 Unser Weg: Aufblühen unter realen Bedingungen

Wir versuchen in diesem Buch, auf die Frage nach der Zukunft der Gemeinde von der Idee des ›Flourishing‹ her zu reagieren. Dahinter steckt eine internationale Forschungsarbeit über die unterschiedlichsten Formen des menschlichen Gedeihens (›human flourishing‹). Das bedeutet nicht, dass in blühenden Gemeinden alles überraschenderweise doch nicht so schlimm kommt, dass alles sozusagen ›easy‹ wird.

›Flourishing‹ fragt nach dem guten Leben auch unter schwierigen Bedingungen. Was kann es bedeuten, jetzt als Gemeinde Jesu Christi »das Leben zu verlieren«, um gerade so »das Leben zu gewinnen« (nach Mk 9,35)? Wie können wir im fortschreitenden Schrumpfen wachsen? Wie können wir zuversichtlich und fröhlich Gottesdienste feiern, auch wenn sich nur wenige ohne Pfarrperson versammeln?

Wie sind wir ein Segen für unseren Sozialraum, obwohl wir an Bedeutung und Privilegien verloren haben?

Wer sich beim Nachdenken über die Kirche nur beklagt, an den Strukturen ›schraubt‹ (um möglichst wenig ändern zu müssen), aber alles gut zu erklären meint, der hat viel zu tun – und wenig Trost. Wir suchen einen anderen Weg: zusammenkommen, auf das Evangelium hören, durch Gott getröstet und herausgefordert werden, miteinander neu aufbrechen, Altes lassen, Vitales erhalten, Neues wagen – auf Gottes Segen warten.

2.

Was wir mit ›Gemeinde‹ meinen

Vorab: Wenn wir von ›Gemeinde‹ sprechen, meinen wir nicht einen ›Verein zur Pflege seltener Topfpflanzen in Altarräumen‹, sondern eine *sichtbar gelebte* Christengemeinschaft. Sichtbar heißt: Man kann sie sehen, hören, riechen (Kaffee) und manchmal sogar schmecken (Abendmahl, Gugelhupf).

Theologisch korrekt: Sie ist als sichtbare irdische Gemeinschaft vom verborgenen *geistlichen Leib Christi* zu unterscheiden – aber *nicht* von ihm zu trennen. Sie ist aber der Ort, wo wir mit anderen zusammen die Gegenwart Christi und seines (verborgenen) Leibes mit guten Gründen erhoffen und erwarten, insofern wir dort dem Evangelium begegnen, wie es in der Heiligen Schrift bezeugt wird. Und ja, wir wissen auch, dass ›Kirche‹ noch mehr umfasst als nur ›Gemeinde‹, aber wir sind davon überzeugt, dass ›Gemeinde‹ der besonders vorzügliche Ort ist, um dem Evangelium zu begegnen und mit anderen zusammen aus dem Evangelium heraus glauben, lieben und hoffen zu lernen. Als solche ist die Gemeinde wiederum mit anderen Gemeinden und mit der Kirche als Ganzes verbunden. Also: Menschen versammeln sich, beten, feiern, dienen – und irgendeiner hat immer den Schlüssel verlegt, irgendeine ist ›schräg drauf‹, irgendeiner nervt ein bisschen, nichts ist perfekt. Trotzdem erkennt man: Das ist Kirche. In einer methodistischen Gemeinde in Kalifornien wird das so gesagt: »Jeder ist willkommen, niemand ist perfekt, alles ist möglich.«[ii] (eigene Übersetzung)

Dieser Blick auf die ganz normale christliche Vergemeinschaftung ist das, was wir in den Umbrüchen der Kirche empfehlen. Darauf hinzuweisen, ist Absicht dieses Buches. Damit soll auch ein Defizit in vielen Debatten über die Kirche angezeigt werden: Häufig ist von der *Gemeinde als Gemeinschaft* von Menschen, die sich immer wieder versammeln, feiern, beten, hören, dienen, eher nicht die Rede. Umso mehr ist von einer Kirche der professionellen Dienstleistungen die Rede, der punktuellen Kontakte und heiligen Momente, der Kirche als Service, spontan oder mit Vorlauf, präsent an den Übergängen des Lebens, verfügbar bei religiöser Bewegtheit, aber nicht ›bindend‹, nicht in der Hoffnung auf ein Bleiben und Mittun, nicht gemeinschaftlich verknüpfend, eben eher Herberge als Familie, eher Dienstleister als Geschwisterschaft. Wir treten nicht an, um Kasualien und Pop-up-Segnungen zu kritisieren. Wir treten aber dafür an, Gemeinde ›bauen‹ zu wollen. Und dabei halten wir bestimmte Eckdaten für wesentlich:

1. Gemeinde ist auf Dauer angelegt. Natürlich wählen Menschen ihren Rhythmus selbst. Manche kommen gelegentlich, andere ganz regelmäßig und häufig. Manche haben viel freie Zeit zur Verfügung, andere wenig. Manche kommen neu dazu, andere ziehen weiter. Christliche Gemeinschaft, in der Menschen miteinander glauben, hoffen und lieben, hat aber immer eine Tendenz zur Dauer und Dichte. Wir sind

einander nicht gleichgültig. Wir freuen uns aufeinander (auch wenn wir manchmal nur übereinander seufzen). Wir brauchen die anderen – der und die andere brauchen mich. Alle brauchen immer wieder das tröstende und herausfordernde Wort, die Erinnerung an die Taufe und die Gegenwart Christi in Brot und Wein. Das ist kein ›nice to have‹, das sind die Lebensmittel des Lebens im Glauben.

2. Die Gemeinde lebt von ihren Grundvollzügen (a. k. a. »Ohne das geht's nicht«). Das ist der ›Beat‹ der Gemeinde: Wort Gottes, Taufe, Abendmahl, Gebet/Lobgesang, Gemeinschaft, Dienst. Wenn eins davon dauerhaft fehlt, wackelt der Tisch. Das ist kein Luxusprogramm, das ist das Brot-und-Butter-Set des Himmels. Luther meinte bei der Einführung der Schlosskirche von Torgau, es gebe Kirche (als Gebäude, sozusagen als ›Struktur‹), damit wir das Wort Gottes hören und darauf antworten in Gebet und Lobgesang. Immer wieder. Irgendwie sehen Gemeinden so oder ähnlich aus: Sie feiern (sonntags) Gottesdienst (mit Abendmahl, mit oder ohne Pfarrperson), treffen sich unter der Woche z. B. in Hauskreisen und im Viertel klingelt der Besuchsdienst – nicht, weil er muss, sondern weil Liebe unruhig ist.

3. Gemeinden sind vielgestaltig, denn Gott hat nichts gegen Formenvielfalt. Die klassische Ortskirchengemeinde (›Parochie‹) ist bekannt und bewährt – und eine mögliche Gestalt von Kirche. Daneben gibt es kirchliche Erprobungsräume, Gnadauer Gemeinschaftsgemeinden, Gebetshäuser, Kommunitäten, Hausgemeinden in entlegenen und entkirchlichten

Dörfern, Regionalnetzwerke, Dienstgruppen und Lebensgemeinschaften in der Diakonie, Personal- oder Richtungsgemeinden. Und alles ist ›Adiaphoron‹ (ein ›mittleres Ding‹), möglich, wenn es dem Evangelium dient, veränderbar, wenn es die Verhältnisse fordern. Alles ist erlaubt, solange Christus das Zentrum bleibt und die Tür nicht nur für Insider aufgeht. Formen sind ja (nur) Adiaphora: Sie sollen dienen, nicht regieren. So gibt es nicht nur die Parochie, sondern z. B. die kleine Nachbarschaftskirche im Café (›Milch, Zucker, Evangelium?‹), das 24/7-Gebetshaus (»Wir haben nachts offen – Gott auch«) oder den Regionalverbund (»Eine Orgel, drei Kanzeln, viel Liebe«).

4. Größe ist kein Qualitätsmaß – Amen und Ende! Was groß ist, ist nicht automatisch besonders ›geistlich‹; was klein ist, ist nicht sofort auch ›kuschelig‹. Es gibt müde Megas und putzmuntere Minis – und umgekehrt. Entscheidend ist Leben, nicht Litermaß. Da ist z. B. die Hauskirche mit zehn Leuten, die die Stadt im Gebet tragen. Oder die große Gemeinde, die gelernt hat, zuzuhören. Beides kann blühen.

5. Wir feiern die Vielfalt der Traditionen & Frömmigkeitsstile. Kirche ist dann ein buntes Buffet und nicht etwa ein Schützengraben. Ob liturgisch-feierlich, pietistisch-bibelzentriert, charismatisch-lebendig, feinsinnig-kulturstark oder/und ökologisch-sensibel und politisch-befreiungsbewegt – das sind Geschmacksrichtungen, kein Bürgerkrieg. Hauptsache: Evangelium steht im Zentrum, nicht die Lautstärke der Band oder das Parteibuch oder die Wahl des Lieblingspredigers. Stellen wir uns doch mal ein Kirchgebäude

vor: links gibt es Weihrauch, rechts Lobpreis, hinten die Beratung für Geflüchtete und vorne treffen sich alle beim Mahl des einen Herrn. Der Himmel applaudiert in Dur und Moll.

6. Gemeinde ist verankert im Sozialraum: Unser Ort und Kontext prägen unseren Auftrag. Stadt/Land, Zentrum/Peripherie, Ost/West/Süd/Nord, wohlhabend/prekär, volkskirchlich/säkular/plural – Gemeinde ist kein UFO. Sie wächst in dem Boden, den sie nun einmal hat. Darum sieht Treue in Wien anders aus als in Weitra. Das ist kein Zufall und Unterschiedlichkeit ist nicht das Problem, sondern die Lösung: Wir hören auf Gott und wir hören auf unseren spezifischen Sozialraum. Und in diesem zweifachen Hören kommen wir miteinander auf Ideen und erkennen, wozu uns Christus gerade hier und jetzt ruft und in die Pflicht nimmt. Das kann in einem Dorf bedeuten zu helfen, dass Menschen einander kennen und helfen – man bringt Suppe und Neuigkeiten und lädt wöchentlich zum Dorfcafé ein. Das kann in einer Stadt dazu führen, Brücken zu mehr Vielfalt zu bauen: Man lernt Namen in fünf Sprachen und leiht der Nachbarschaft das W-LAN der Barmherzigkeit. Das kann in einer Kleinstadt motivieren, endlich wieder vor Ort einen Treffpunkt für Kinder und Jugendliche zu schaffen, mit ihnen zu essen, zu spielen, zu beten und ihre Potenziale freizusetzen.

Kurz: Kirche/Gemeinde Jesu Christi ist dort, wo Menschen dauerhaft als sichtbare Gemeinschaft des Glaubens, Hoffens und Liebens leben – in großer Vielfalt der Formen und Traditionen, unabhängig von der Größe, getragen von Wort, Sakrament, Gebet, Gemeinschaft und Dienst und je nach Sozialraum mit einem kontextuell passenden Profil.

3.

›Flourishing‹ – eine Annäherung

Wir fragen: Unter welchen Bedingungen *gedeiht* Kirche? Wir haben es schon angekündigt: Wir schließen uns an Überlegungen zum ›Human Flourishing‹ an. Dahinter steht seriöse Forschung. Es geht um mehr als um ›Glück‹ als frohe Stimmung. Es geht um das gute Leben des/der Einzelnen. Es geht um das Gedeihen von Gemeinschaften und auch ganzen Gesellschaften. Eben: das gute Leben. Das beschreibt der Theologe Miroslav Volf, der an der Yale University Systematische Theologie lehrt, so:

> »Aufblühen [...] steht für ein gut gelebtes Leben, ein Leben, das gut verläuft, und ein Leben, das sich gut anfühlt – alles drei zusammen, untrennbar miteinander verbunden. Ich verwende den Begriff synonym für ›das gute Leben‹ und ›ein lebenswertes Leben‹. Das alles ruft das Bild eines Lebewesens hervor, das in seiner natürlichen Umgebung gedeiht: ein Baum, ›gepflanzt an den Wasserbächen, der seine Frucht bringt zu seiner Zeit und seine Blätter verwelken nicht‹ (Psalm 1,3), ein Schaf, das ›auf grünen Auen liegt‹ und ›an stillen Wassern weidet‹ (Psalm 23,2), ein ›Adler mit großen Flügeln und langen Federn, reich an Federn in vielen Farben‹ (Hesekiel 17,3).«[iii]

Kurz gesagt: Es geht um *das gute Leben* – verantwortlich geführt, fruchtbar in seinen Wirkungen, spürbar als Freude. Also: gelungen! Das betrifft einzelne Menschen *und* die Gemeinschaft. Auch Leid und Begrenzung werden dabei nicht verdrängt, sondern in ein reifes Leben integriert.

Das ist zum anderen ein anspruchsvolles Konstrukt: Es geht um mehr als persönliches Gelingen und Zufriedenheit, mehr als ein angenehmes Leben. Es geht auch um Tugenden und Pflichten, um das Leben, das auf eine ethisch und religiös angemessene Weise geführt wird. In philosophischer Diktion kommen beim ›Flourishing‹ hedonistische und eudämonistische Aspekte zusammen, also Aspekte des persönlichen Glücksempfindens und der ethisch fundierten gelungenen Lebensführung.

Der Nestor der Positiven Psychologie, Martin Seligman, zeigte, dass es nicht nur um ›happy feelings‹ geht. Er entwickelte das Akronym ›PERMA‹, das die wesentlichen Aspekte des menschlichen Aufblühens zusammenfasst: Die fünf Elemente sind: positive emotion, engagement, positive relationships, meaning, accomplishment. Sie zusammen beschreiben, was ›Flourishing‹ ausmacht. Es geht um messbare, stabile Eckpfeiler – lauter Dinge im Leben, die sich dadurch auszeichnen, dass wir sie um ihrer selbst willen anstreben (und nicht nur als Mittel zum Zweck).[iv]

Der Harvard-Forscher und Epidemiologe Tyler VanderWeele fasst es ganz ähnlich, streng und schön:

> »Flourishing kann als ein Zustand verstanden werden, in dem sämtliche Aspekte des Lebens einer Person gut sind.«[v] (eigene Übersetzung)

Es geht also um einen Zustand, in dem alle Aspekte im Leben eines Menschen ›gut‹ sind. Oder etwas umfassender:

> »Wir könnten Flourishing daher als das relative Erreichen eines Zustands definieren, in dem alle Aspekte des Lebens einer Person gut sind, einschließlich der Kontexte, in denen diese Person lebt.«[vi] (eigene Übersetzung)

In dieser Formulierung wird einerseits etwas vorsichtiger formuliert (in relativem Ausmaß wird etwas erreicht), andererseits wird die Mitwelt des Menschen beachtet: Auch sein Lebensumfeld ist ›gut‹.

Das ist groß gedacht – und VanderWeele beleuchtet fünf Felder, auf denen dieses ›Gute‹ sichtbar wird:

(1) Glück/Lebenszufriedenheit,
(2) Mentale und physische Gesundheit,
(3) Sinn und Bestimmung,
(4) Charakter und Tugend,
(5) Tragende Beziehungen.

Weil Menschen keine abstrakten Wesen sind, fügt er *materielle Lebensgrundlagen* als sechstes hinzu; und weil Menschen mehr sind als Materie, zählt er – wo Glauben relevant ist – schließlich auch die Gemeinschaft mit Gott dazu. Das Ergebnis ist ein umfassendes menschliches Aufblühen, ein ›Human Flourishing‹, das weit über »Hauptsache Spaß« hinausgeht und die spirituelle Dimension nicht in den Keller schickt.

Und wie kommt's dahin, ohne ein Abo auf Überforderung? VanderWeele (ähnlich wie Arthur C. Brooks[vii]) nennt vier *pathways* – nennen wir sie ruhig die *vier Gehwege zum Gedeihen:*

a) Familie,
b) Arbeit,
c) Bildung,
d) Religiöse Gemeinschaft.

Die Pointe ist hübsch robust: Alle vier Gehwege wirken auf alle fünf Felder. Sprich: Eine gesunde Familienkultur tut nicht nur unseren Beziehungen gut, sondern fördert auch Sinn, Tugend, Gesundheit und – ja: auch das Glück. Eine faire, sinnvolle Arbeit stärkt nicht nur das Konto, sondern oft auch Charakter, Zugehörigkeit und psychische Stabilität. Bildung schärft nicht bloß den Lebenslauf, sondern weitet Horizonte (und hilft, Zeitungsüberschriften ohne Schnappatmung zu lesen). Und die religiöse Gemeinschaft? Sie ist der Ort, an dem man getragen wird, wenn das Leben bergauf geht – und gehalten, wenn es abwärts rutscht. Sie leiht Worte für Klage, übt Dank, segnet Anfänge, begleitet Abschlüsse und erinnert: »Du bist mehr als deine To-do-Liste.«

›*Flourishing*‹ ist also nicht ›immer Sonnenschein‹, sondern ›trotz Wolken bewohnbar‹. Und eine *religiöse Gemeinschaft* – nennen wir sie ›Gemeinde‹ – kann dafür erstaunlich viel tun: Sie stärkt Beziehungen, erdet Sinn, übt Tugend, pflegt Seele und Körper (ja, auch mit Kaffee), und erinnert uns gemeinsam an Gott. Wer so unterwegs ist, lebt nicht nur *gut gelaunt*, sondern *gut geführt* – von einem Gott, der aus Leid *Leben* und aus Pflicht *Liebe* macht.

Die christliche Sicht auf das menschliche Gedeihen wird dabei ebenso anschluss- wie kritikfähig mit den säkularen Erkenntnissen umgehen. Wenn Jesus Menschen glückselig preist (Mt 5,1–10) – ihnen also ein zeitglücklich-ewigseliges Leben zuspricht – und Paulus gar nicht aufhören kann, von der Freude zu reden (Phil 4,4), dann darf man durchaus sagen: Das Leben in der Nachfolge Christi, das Leben im Glauben, in der Hoffnung und in der Liebe ist aufblühendes Leben.

Es schenkt Freude (auch in dunklen Tälern), stärkt Seele und Leib (auch unter allerlei Einschränkungen und immer mit der Hoffnung auf eine endgültige Heilung in Gottes Ewigkeit), versichert uns dort einer ewigen Heimat und verankert uns hier als Teil der Mission Gottes (Sinn und Bestimmung), verändert unsere Haltungen und unser Verhalten (Charakter und Tugend formen sich ganz allmählich um, unter stets neuer Inanspruchnahme der geduldigen Vergebung Gottes) und verknüpft und verbindet uns mit denen, die wie wir an Christus glauben (Beziehungen … und da ist sie: die Gemeinde!), aber auch mit denen, zu denen uns Christus sendet, weil er an ihnen noch Heilsames zu tun gedenkt. Es ist ein Leben unter der Verheißung von Frucht (Joh 15,1–8). Und Menschen, die dieses Leben wählten, werden in der Regel auch sagen: Ein gutes Leben (wenn auch nicht immer einfach und nicht auf Rosen gebettet – aber tauschen wollte ich nicht). Es ist ein gutes Leben, das sich einem Paradox verdankt:

> »Wer sein Leben behalten will, der wird's verlieren; und wer sein Leben verliert um meinetwillen und um des Evangeliums willen, der wird's behalten.«

Da wird also das eigene Leben nicht krampfhaft festgehalten, sondern losgelassen, aus der Hand gegeben und in größere Hände gelegt – und genau so, durch ein ›Sterben‹ hindurch ersteht ein gutes, ein neues Leben.

4.

Was ist *gemeinschaftliches* ›Flourishing‹?

Wesentlich für unseren Zusammenhang ist weiterhin, dass Tyler VanderWeele und sein Team aus Harvard das Thema *›Human Flourishing‹* auch über den individuellen Bereich hinaus erforschen und nach dem *›Flourishing‹* von Gemeinschaften (jeglicher Art) fragen. Wann gedeiht denn das Leben von Gruppen, Teams, Familien, Mannschaften – und Gemeinden? In Verlängerung der zuvor genannten Definition formulieren sie:

> »Das Flourishing einer Gemeinde könnte als ein Zustand verstanden werden, in dem alle Aspekte des Gemeindelebens gut sind.«[viii] (eigene Übersetzung)

Den Ansatz der Definition kennen wir schon vom individuellen Aufblühen – das wird nun auch auf Gemeinschaften übertragen. Auch hier wird schnell klar, dass es nicht nur um schöne Gemeinschaftsgefühle am Lagerfeuer geht, sozusagen um meine Zufriedenheit mit der Gemeinschaft. VanderWeele meint, das sei zwar auch wichtig, aber nicht ausreichend. Zufriedenheit kann im ungünstigen Fall auch bedeuten, dass jemand bekommt, was er will, nicht aber, dass die Gemeinschaft gut funktioniert. Zufriedenheit sagt also noch nicht, was eine gute Gemeinschaft konstituiert.

Tyler J. VanderWeele und sein Team sehen vielmehr sechs ›Domains‹, in denen sich das ›Flourishing‹ einer Gemeinschaft zeigt[ix]:

1. Zuerst geht es um die enge Verbindung von individuellem und gemeinschaftlichem ›Flourishing‹: »Gute Gemeinschaft entsteht unter anderem durch das Aufblühen (flourishing) der Einzelnen.«[x] (eigene Übersetzung)
2. Noch wichtiger sind gute Beziehungen, die jeder in der Gemeinschaft genießen sollte. Jeder wird respektiert, und jeder trägt etwas bei.
3. Gute Leitungspersonen sollten entsprechende Fähigkeiten und einen gefestigten Charakter mitbringen und sich um Einzelne wie um die Gemeinschaft kümmern.
4. Strukturen und Praktiken sollten die Beziehungen und das gemeinsame Tun fördern. Auch sollten Konflikte schnell und gut behandelt werden. Die Ziele der Gemeinschaft sollen durch Strukturen und Praktiken unterstützt werden.
5. Die Menschen sollten zufrieden mit der Gemeinschaft sein und sich willkommen fühlen.
6. Eine gute Gemeinschaft erfüllt einen höheren Zweck oder eine Funktion. Sie trägt etwas dazu bei, dass die Welt ein besserer Ort wird. Die starke ›Mission‹ sollte jedem klar sein, die Gemeinschaft sollte zusammen mehr bewirken als die Summe der Einzelnen und jeder Einzelne sollte gebraucht werden.

> »Die sechs Bereiche, die das Messinstrument zu erfassen versucht, sind: das individuelle Flourishing, gute Beziehungen, kompetente Leitung, gesunde Praktiken, eine zufriedenstellende Gemeinschaft und eine starke Mission.«[xi] (eigene Übersetzung)

Auch hier kann man schon ahnen, dass es z.B. für ein gemeindliches Leitungsgremium eine fruchtbare Fragestellung ist, das eigene Gemeindeleben unter dieser Perspektive zu betrachten. Schon das wäre ja ein Beitrag zum gemeindlichen ›Flourishing‹: Wie sieht es denn bei uns mit dem Aufblühen der einzelnen Menschen aus? In seinem Konzept von ›Servant Leadership‹ ist das für Robert K. Greenleaf das entscheidende Kriterium dienender Leitung: Können Menschen unter meiner Leitung wachsen, also ihre Gaben entfalten, sich persönlich weiterentwickeln und reifen, an Weisheit gewinnen und selbst dienstbereite Menschen werden?[xii] Und weiter: Wie werden bei uns Beziehungen gepflegt? Wie kompetent und integer ist unsere Leitung? Sind wir zugänglich und ausreichend nah bei den anderen? Lösen wir Konflikte schnell? Sind unsere Abläufe und unsere ganze Organisation hilfreich, schlank, beweglich? Und sind wir inzwischen etwas zu sehr mit uns beschäftigt – oder weiterhin auf Kurs, um Menschen in unserem Umfeld zu dienen und Gottes Güte zu bezeugen? Dazu gleich noch etwas mehr.

5.

Was folgt daraus für *gemeindliches* ›Flourishing‹?

5.1 So hilft das nun weiter!

Aus sozialwissenschaftlicher Perspektive würde es demnach auch einer christlichen Gemeinde gut gehen, …

- in der einzelne Menschen aufblühen (Zuversicht gewinnen, Gaben entdecken, Überzeugungen aufbauen, beziehungsfähig werden, gute Maßstäbe annehmen).
- In ihr würden sich gute Beziehungen unter den Beteiligten aufbauen (Gemeinschaft, Überwindung von Einsamkeit, wechselseitige Hilfsbereitschaft, Gastfreundschaft, Vergebung, Bejahung von Vielfalt),
- sodass das Zusammensein als überaus zufriedenstellend erlebt wird.
- Zugleich wäre diese Gemeinde nicht selbstbezüglich, sondern auf eine gemeinsame Aufgabe ausgerichtet (hätte also eine ›Mission‹).
- Führungskräfte dienten dem Gemeindeleben auf eine integre und kompetente Weise
- und Strukturen wie gemeinsame Praktiken wären gesund (also funktionell und zweckmäßig).

In unserem Zusammenhang bedeutet das zweierlei:

- Hier wagen wir eine erste Skizze – mit Bleistift, noch nicht in Tinte – zur Frage, wie eine Gemeinde aufblüht. Vorläufig ist sie deshalb, weil wir hier noch nicht im vollen theologischen Ornat von ›Kirche‹ sprechen. Ernst zu nehmen ist sie dennoch: Christliche Gemeinschaft ist auch eine menschlich-irdische Gemeinschaft und teilt daher das, was alle lebendigen Gemeinschaften vital macht. Theologisch werden wir gewiss noch nachlegen (da kommt noch was!), doch bereits der erste Blick zeigt die Nähe: persönliches Wachstum, tragfähige Beziehungen, eine starke Wir-Kultur und eine klare Mission – das klingt für theologische Ohren keineswegs fremd. Gute Leitung und zweckmäßige Praktiken gehören ebenfalls dazu. Sie lassen sich theologisch einordnen, vermutlich mit leicht anderer Akzentsetzung, aber sicher nicht auf einem anderen Liedblatt.
- Zugleich verstehen wir diese Einsichten als handfesten Rat für Leitung und Gestaltung in der Kirche. Sie sind kein Orakel, aber ein ziemlich guter Kompass. Zwei Leitfragen helfen beim Steuern – und beim ehrlichen Blick in den Rückspiegel:
  - Wohin entwickeln wir unsere Gemeinden? Welches Zielfoto hängt über dem Schreibtisch unserer Planungen: Menschen, die persönlich wachsen; Beziehungen, die tragen; eine spürbare Wir-Kultur; klare Mission, die über uns selbst hinausweist; dazu dienliche Strukturen und verlässliche Praktiken. Kurz: Blühen statt nur ›Betrieb‹. Wer mag, schreibt's als Checkliste an die Pinnwand.

- Woran prüfen wir später, ob das klug war? Nicht nur: »Hat es funktioniert?« Wie war das noch gleich?
  - Wuchsen Menschen im Glauben, in der Mündigkeit und Mitverantwortung?
  - Sind Beziehungen heil(er) geworden, Konflikte fair gelöst worden und Vielfalt respektiert?
  - Hat Leitung Charakter gezeigt und Kompetenzen geteilt (nicht nur Aufgaben verteilt)?
  - Trugen Strukturen das Miteinander – oder nur die To-do-Listen?
  - Fühlten sich Neue willkommen und Alte nicht vergessen?
  - Wurde unsere Mission vor Ort konkret und das Leben in Stadt oder Dorf ein Stückchen besser?

Nebenbei-Regel mit Humor und Ernst: Wenn das Zielfoto nur die Orgelbank zeigt, haben wir das Orchester vergessen. Wenn die Auswertung nur Zahlen zählt, aber keine Geschichten erzählt, fehlt uns die Melodie.

Klartext: Wenn diese sechs gemeinschaftlichen Bereiche (plus die folgenden theologischen Akzente) Kennzeichen vitaler Gemeinschaft sind – also gesunde Weisen, Kirche zu sein – dann taugen sie auch als Maßstab für Struktur- und Reformprozesse. Sparrunden, Umbauten, ›Knappheitsmanagement‹: Alles gehört auf den Prüfstand unter der Frage, ob es das kirchliche Leben in Richtung ›*Flourishing*‹ schiebt. Dienen bestehende und neu entstehende Formen der Vergemeinschaftung dem Gedeihen? Werden wir dadurch vital, vielleicht sogar fruchtbar?

Darum: Jede Maßnahme braucht einen *Blüh-Check* (aka ›Flourishing-Impact-Assessment‹). Nach der erhofften Entlastung und Druckminderung prüfen wir nüchtern:

- Menschen & Wachstum: Fördert, was wir entschieden und umsetzten, Reifung, Beteiligung, Berufungen?
- Beziehungen: Werden Netze dichter, Konflikte fairer gelöst, Vielfalt tragfähiger gelebt?
- Leitung & Praktiken: Stärkt sie dienende Führung und hilfreiche Routinen – oder nur die Bürokratie?
- Strukturen: Tragen sie die Mission vor Ort, oder tragen sie vor allem Akten
- Willkommenskultur: Finden Neue hinein, bleiben Erfahrene dran?
- Mission & Wirkung: Wird die Stadt/das Dorf spürbar gesegnet?

Daumenregel mit einem Augenzwinkern: Wenn am Ende vor allem die Ordner im Archiv aufblühen, war's die falsche Gießkanne. Das Ziel bleibt: Maßnahmen, die Resilienz, Vitalität und Fruchtbarkeit mehren – statt ein geordnetes Verwelken zu verwalten.

5.2 Qualität vor Quantität (ohne Zahlenphobie)

Aufschlussreich ist: ›Flourishing‹ zeigt sich zuerst qualitativ – in Beziehungen und gemeinsamem Tun. Nicht an Sitzreihenlängen, Kassenständen oder Kurvenverläufen. Eine Gemeinde kann blühen, auch wenn die Statistik gähnt.

Was heißt das praktisch? Zuerst bedeutet das: Florierende Gemeinden gibt's in XXL und XS:

- Groß & gut ausgestattet:
  - mit einer Willkommenskultur, die Namen lernt (nicht nur Nummern zählt).
  - mit Teamstrukturen, die Verantwortung teilen, nicht nur Aufgaben verteilen.
  - mit einer Streitkultur, in der Konflikte zeitnah geklärt werden (und Klärung mehr ist als ein Kreissaal für Gerüchte).
  - Zum Beispiel: Das wäre etwa eine Großstadtgemeinde mit Profi-Band und City-Diakonie – und trotzdem merkt die neue Studentin: »Hier werde ich gesehen.«
- Klein & knapp, vielleicht auch älter:
  - Verlässliche Fürbitte, Nachbarschaftshilfe, geteiltes Brot nach dem Gottesdienst.
  - Ein klarer, einfacher Wochenrhythmus (Hauskreis, Besuchsdienst, Offene Kirche).
  - Zum Beispiel: Das wäre eine Dorfkirche mit 40 Leuten und einer ›Telefonkette der Hoffnung‹, die niemanden übersieht, wenn jemand in Not ist – und eine wöchentliche Leseecke für Kinder im Gemeindehaus.

5.3 Wachstum? Ja, aber als Frucht – ›not as idol‹

Robert Warren hat's treffend gesagt: Vitale, gesunde Gemeinden starren nicht aufs Wachstum, sie machen gute Gemeindearbeit. Man pflegt, was Leben fördert – wie beim Rosenstock: gießen, schneiden, stützen, lichten. Dann kommen Knospen von selbst.

Über Leitungskreise bedeutet das: Wir setzen uns Ziele setzen, die Gesundheit fördern (Beziehungen, Beteiligung, Charakter von Leitung, hilfreiche Praktiken, klare Mission). Wenn uns die Zahlen helfen, ist es gut. Aber sie sitzen auf dem Beifahrersitz, nicht am Steuer. Beispiel für solche Früchte: mehr Taufpatenschaften aus der Gemeinde, mehr geteilte Verantwortung, mehr Geschichten echter Veränderung, mehr ›wir‹ als ›ich‹, mehr Freude am Hören, Singen und Beten.

5.4 Woran erkennt man ›Qualität‹ konkret? Ein paar qualitative Marker mit Beispielen

Stimmt, wir wiederholen uns. Aber genau darum geht es jetzt:

- Tragfähige Beziehungen: Neue finden innerhalb von vier Wochen Anschluss (z. B. ›Tischgemeinschaften-Sonntag‹, gezieltes Mentoring und Zweierschaften).
- Gemeinsames Tun: Es gibt ›Wir‹-Projekte, die über die eigene Gruppe hinauswirken (z. B. Lernhilfe, Wärme-Stube, Stadtteilgarten).
- Leitung mit Charakter & Können: Regelmäßige Feedback-Runden mit 360°-Grad-Feedback (d. h.: die Führungskräfte erbitten ausdrücklich auch ein Feedback von den Mitarbeitenden), transparente Entscheidungen, Seelsorge-Zeiten – spürbar und planbar,
- Praktiken, die tragen: Onboarding-Routine für neue Mitarbeitende, ein klarer Konfliktleitfaden, geistliche Rhythmen vorschlagen und einüben.

- Willkommenskultur: Barrierearmut, Übersetzungsangebote, ›Next Steps‹-Point nach dem Gottesdienst.
- Klare Mission: Jede und jeder kann in zwei Sätzen sagen, wofür ›wir‹ da sind – und es gibt eine wiederkehrende Praxis dazu (z. B. ›Invite-Sonntag‹ + Alphakurs + Nachbegleitung).

5.5 Noch eine Nummer größer: Vom Ich & Wir zum Sozialraum

VanderWeele & Co. erinnern: ›Flourishing‹ betrifft Menschen und ihre Gemeinschaften *und* den größeren Lebensraum. Eine Gemeinde blüht nicht in der Vase, sondern im Viertel. Also fragen wir auch: Wird die Stadt/wird das Dorf gesünder?

Eine Gemeinde gedeiht, wenn sie den Weg vom Ich (persönliches Wachstum), über das Wir (tragfähige Beziehungen und geteilte Verantwortung) hin zum Sozialraum geht – also dorthin, wo ihre Nachbar:innen leben, hoffen und leiden. Ernst Lange hat genau diesen Bewegungssinn theologisch profiliert[xiii]: Kirche ist nicht ein Innenraum für Fromme, sondern ein kommunikatives Geschehen mit Öffentlichkeitsauftrag; das Evangelium gewinnt Gestalt, indem es zwischen Menschen in Beziehung tritt und in die Welt spricht. Wo Einzelne mündig werden, das Wir Teamgeist und Konfliktreife ausbildet und die Gemeinde sich nach außen hin öffnet – etwa durch Lernhilfe im Quartier, einen Reparaturtreff, einen Besuchsdienst, ›Hörabende‹ zu strittigen Themen – dort wird Glaube öffentlich vernehmbar, Hoffnung sozial anschlussfähig und Nächstenliebe konkret.

In Langes Sinne blüht Gemeinde, wenn sie nicht bei frommer Binnenwärme stehen bleibt, sondern zur kommunikativen, lernenden und dienenden Öffentlichkeit wird: vom Ich zum Wir – und vom Wir in den Stadtteil.

Der Ernstfall ›draußen‹ lebt von der Quelle drinnen. Ernst Lange hat recht – die Probe aufs Exempel passiert im Alltag, im Bus, im Büro, am Bettpfosten. Aber ohne Konstitutiva (Wort & Sakrament) wird ›draußen‹ schnell zu Daueraktivismus mit spirituellem Muskelkater. Die Reihenfolge bleibt evangelisch: empfangen – glauben – dienen. Erst am Tisch werden wir satt, dann tragen wir den Teller raus.

Beispiele auf Sozialraum-Ebene:

- Rückgang erlebter Einsamkeit im Quartier, weil die Gemeinde Räume öffnet (Café der Begegnung, Reparaturtreff);
- Kooperationen mit Schulen/NGOs (Hausaufgabenhilfe, Sprachcafés, Begleitung von Alleinerziehenden);
- Praktische Hilfe an Brennpunkten, z. B. durch Neugestaltung eines maroden Kinderspielplatzes – gemeinsam mit den Menschen, die im Viertel leben;
- Schaffung von dezentralem Wohnraum für Geflüchtete;
- Bewegung und Sport für Klein und Groß;
- Schöpfungsverantwortung, die wirklich messbar wird (Energieprojekt am Gemeindehaus, gemeinschaftlicher Radservice-Tag);
- Evangelistischer ›Outreach‹: ein Osterfest auf dem Parkplatz vor dem Supermarkt, ein Krippenspiel im Dorfgemeinschaftshaus, ein Alpha-Kurs in der Volkshochschule, ein Gospel-Konzert in der Schulaula;

- Ermutigung der Gemeindeglieder sich ›ein-zu-mischen‹: in Elternvertretungen, Beiräten, Bürgerbewegungen, Vereinen, Feuerwehr, Lokalpolitik usw.;
- Kultur des Dialogs: ›Hörabende‹ zu heißen Themen (Flucht, Pflege, Wohnraum) – weniger Polarisierung, mehr Verständigung.

Merksatz zum Schluss

Pflegt, was Leben fördert – Beziehungen, Charakter, hilfreiche Praktiken, klare Mission – und lasst Wachstum als Frucht kommen. Zahlen dürfen mitlaufen, aber bitte ohne Blaulicht.

6.

Welche ›Aggregatzustände‹ von gemeindlichem ›Flourishing‹ können wir uns vorstellen?

Wer nach gemeindlichem Aufblühen fragt, wird auch kaum an der Tatsache vorbeisehen können, dass es Gemeinden sehr unterschiedlich geht. Und damit wird es auch etwas heikel. Soll man also nun Gemeinden vergleichen, gar so etwas wie eine Tabelle aufstellen, mit Siegern, Durchschnitt und Absteigern? Mit welchen Konsequenzen – für jede betroffene Gemeinde und das Miteinander in der Region? Heikel!

In der Regel wird schon jetzt verglichen, und der Vergleich hat Konsequenzen. Es werden freilich nur sehr ›harte‹ Zahlen beachtet, verglichen und bewertet: Gemeindemitgliederzahlen, Gebäude, Personal. Schon beim Gottesdienstbesuch ist man sehr viel vorsichtiger. Wer hat da schon Verlässliches in der Statistik. Aber für die ›Allokation‹, also die Zuweisung von Ressourcen, hat es Folgen, wenn ›nur noch‹ oder ›immerhin‹ so und so viele Menschen im Bezirk zur Gemeinde gerechnet werden. Versuche, den Blick zu weiten und auch andere Parameter zu berücksichtigen, sind regelmäßig am (oft nur erwarteten und befürchteten) Widerstand gescheitert. Dabei könnte man das doch als Grund für eine bessere Ausstattung in Betracht ziehen: intensive und reichweitenstarke Jugend- oder

Hauskreis-Arbeit, mehrere stark nachgefragte Gottesdienst-Formate, starke Herausforderungen im sozialen Umfeld der Gemeinde, intensive Betreuung von Altenheimen usw. Aber: Das ist zu heikel – und gerade wer wenig Besonderes ›im Schaufenster‹ hat, wird nicht ohne weiteres sagen (müssen), dass die Gemeinde weniger gesund ist. Das ist ein echtes Dilemma, zumal es das Verhältnis unter Gemeinden und deren Pfarrpersonen nachhaltig beschädigen dürfte, wenn in einer Region ›Tabellen‹ erstellt würden.

Auch wenn dieses Dilemma hier keiner Auflösung näher gebracht werden kann, ist es unsere Absicht, einen ehrlichen Blick auf die heimische Gemengelage zu werfen. Und es kann vielleicht den Druck aus dem Thema nehmen, wenn wir festhalten: Es geht um interne Prozesse. Es geht um Ehrlichkeit sich selbst gegenüber. Es geht um die schmerzhafte oder neutrale oder froh stimmende Selbsterkenntnis: Wo stehen wir gerade?

Das soll auch in einem späteren Stadium unserer Arbeit an diesem Thema herauskommen: ein Werkzeug zur Selbsterkundung von Gemeinden. Wie geht es uns wirklich? Nicht nur: gefühlt! Nicht nur: wenn wir die Insider befragen! Nicht nur: wenn wir einen Kassensturz machen. Nein, möglichst breit, von möglichst vielen, unterschiedlichen Menschen in der Gemeinde nach validen Kriterien bewertet. Wie geht es uns jetzt, wollen wir wissen, damit wir dankbar weitermachen, punktuell nachjustieren, Baustellen bearbeiten, Altes lassen, Neues beginnen und Erfolgreiches stärken können. Ob schmerzhaft, neutral oder froh stimmend: Wir wollen es wissen. Wir stellen uns unserer eigenen Wirklichkeit.

Zu den Kriterien werden wir etwas später in diesem Buch kommen. Hier zunächst eine Matrix, die verschiedene ›Aggregatzustände‹ von Gemeinden darstellt. Was kann denn bei der selbstkritischen und/oder dankbaren Bestandsaufnahme herauskommen – zumal wenn wir mehr als nur Zahlen in den Blick nehmen?

Das könnte man auch in Gestalt von gemeindlichen ›Jahreszeiten‹ darstellen.[xiv] Dann würde man dem Gedanken Ausdruck verleihen, dass Gemeinden nicht ›statisch‹ sind. Ihr Ergehen ändert sich. Es gibt auch Zeiten des Verblühens, ja der winterlichen Starre (oder vielleicht auch: Ruhe), aber dann darf auch wieder neues Aufleben erwartet werden. Diese Art metaphorischer Darstellung hat etwas für sich, könnte aber unter dem Strich zu ›gesetzmäßig‹ erscheinen: Das alles wäre dann schicksalhaft in beiden Richtungen: Niedergang käme dann so unvermeidlich wie das erneute Aufblühen.

Wir schließen uns einem anderen Modell an, das Tim Lomas mit Tyler VanderWeele und James Pawelski zusammen entwickelt hat.[xv] Lomas & Co. verstehen ›Flourishing‹ als den übergreifenden und umfassenden Begriff, während (eher objektive) Gesundheit (Health) und (eher subjektives) Wohlergehen, auch Glück (Well-Being, Happiness) Unterkategorien bilden. ›Flourishing‹ ist dann das Ergebnis einer Konstellation, in der sowohl ›objektive‹ Aspekte von Gesundheit wie ›subjektive‹ Einschätzungen des eigenen Wohlergehens sich positiv entwickeln. Wichtig daran ist auch, dass es all das (Gesundheit, Wohlergehen, Glück usw.) nicht ›binär‹ gibt (man hat es/ist es oder nicht), sondern nur auf einem ›Kontinuum‹: Man ist z. B. nicht krank *oder* gesund, sondern irgendwo im Spektrum zwischen vollkommen gesund und völlig krank *unterwegs*.

Im Ergebnis lässt sich für menschliche Gemeinschaften eine Vierfelder-Grafik bilden, die Gesundheit und Wohlergehen als Kategorien von ›Flourishing‹ in ein Verhältnis zueinander setzt und auf diese Weise vier ›Zustände‹ von Gemeinschaften beschreiben kann. Um das Gemeinte abbilden zu können, gebrauchen wir als Gegenüber von Wohlergehen den (zugegeben: wenig eleganten) Neologismus ›Schlecht-Ergehen‹.

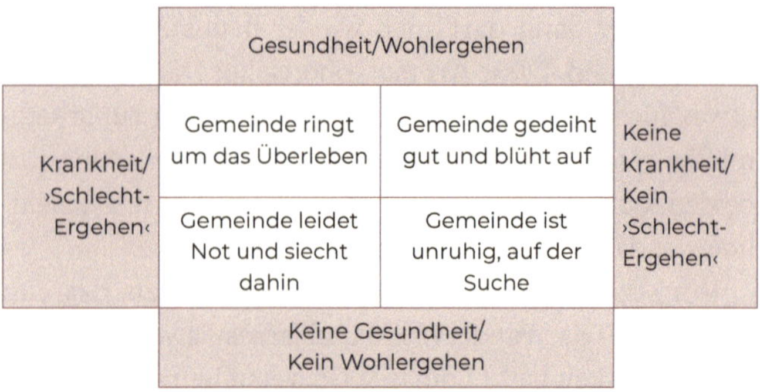

6.1 Krankheit/Schlecht-Ergehen + Gesundheit/Wohlergehen → »Gemeinde ringt um das Überleben«

Es gibt hier noch vitale Anteile! Man kann weder im Blick auf die ›hard facts‹ noch im Blick auf die ›Stimmung‹ in der Gemeinde von einer Krise ohne Hoffnung sprechen. Zugleich ziehen gravierende Probleme Energie ab. Es herrschen Unruhe und Besorgnis. Krisensitzungen finden statt. Hier und da zeigt sich Unzufriedenheit. Menschen sind gegangen. Ehemals Erfolgreiches zeigt sich jetzt merkwürdig leblos. Dann wieder ist man dankbar, hat ausreichend Ressourcen und funktionierende Dienste. Viele spüren: Wir müssen uns ändern. Wir brauchen eine Neubesinnung, Aufbruch und zugleich Abschied von manchem, das nicht leben und nicht sterben kann. Am Horizont droht Niedergang. Im Einzelnen kann man z.B. beobachten:

- Die Gemeinde hat einen starken Besuchsdienst. Außerdem ist Gebet vielen wichtig und nimmt bei den Gottesdiensten und anderen Treffen breiten Raum ein.
- Zugleich tobt auf der Führungsebene ein Leitungskonflikt. Einige Hauskreise haben sich in der Folge schon gespalten, weil Menschen sich so oder so positionieren und solidarisieren. Es bilden sich unversöhnliche Lager.
- Die Gemeinde hat ein kreatives und attraktives Programm, das dem Kirchenjahr folgt und dessen Anregungen umsetzt. Zugleich aber fehlt es an allen Ecken und Enden an Geld. Die Finanzen sind schon länger im roten Bereich. In den Sitzungen der Verantwortlichen dreht sich alles nur noch um das Sparen.
- Die Arbeit mit Jugendlichen ist erfolgreich; es gibt engagierte Mitarbeitende. Zugleich aber wird die Kommunikation im Team als ›toxisch‹ erlebt. Es herrscht Druck – wer nicht ›spurt‹, wird schon einmal halböffentlich beschämt. Machtkämpfe verschärfen sich.
- Die Gemeinde konnte eine gute diakonische Arbeit mit erfolgreichen Nachbarschaftsprojekten etablieren. Andererseits ›drückt‹ der marode Baubestand, z. B. die kaputte Heizung, die Elektrik, die keinem Sicherheitscheck standhielte, der Schimmel im Keller …

6.2 Krankheit/Schlecht-Ergehen + Keine Gesundheit/Kein Wohlergehen → »Gemeinde leidet Not und siecht dahin«

Hier blinken sämtliche Warnlampen rot. Die Gemeinde steht – nicht nur gefühlt – am Abgrund. Es gibt kaum Entlastung. Für Aufbrüche fehlen Ressourcen und Kräfte. Der Zuspruch der Menschen wird immer schwächer. Die Stimmung ist im Keller. Streit zwischen den wenigen Verbliebenen schwächt die Gemeinde zusätzlich. Die kirchliche Leitungsebene stellt die eigenständige Existenz der Gemeinde in Frage. Sie soll einer kirchlichen Region zugeordnet werden, in der sich schon vier andere Gemeinden eingefunden haben.

- Die Angebote der Gemeinde finden kaum noch Resonanz. Außer den wenigen ›Kirchentreuen‹ hat sich schon lange niemand mehr für mehr als einen punktuellen Kontakt erwärmen lassen.
- Die Gottesdienste sind in der Regel Treffen ›von wenigen für wenige‹, und auch sonst ist die Beteiligung schwach. Nach 45 Minuten ist das Haus wieder leer und jeder geht seiner Wege.
- Auch wenn die Ältesten im Kirchenvorstand wie auch der Pfarrer es sich wünschten: Nach der Konfirmation sieht man die jungen Leute nicht mehr. Einen Jugendkreis gibt es so wenig wie einen attraktiven Kindergottesdienst. Für ein Ehrenamt lässt sich schon lange niemand mehr gewinnen; es gibt auch wenig Anreize zu ehrenamtlichem Engagement oder gar Schulung der

wenigen, die noch immer treu das eine oder andere versorgen.

- Bei den Wahlen zum Kirchenvorstand konnte mit Müh und Not die Mindestzahl an Kandidatinnen und Kandidaten gefunden werden.
- Der Kirchenvorstand ist vor allem mit ›Abwicklung‹ beschäftigt. Das Gemeindehaus ist bei der kirchlichen Gebäudebedarfsplanung in der untersten Kategorie eingeordnet worden und soll ›irgendwie‹ abgestoßen werden. Fragte man die Ältesten, wie es der Gemeinde wohl in fünf oder zehn Jahren gehen werde, sagen sie: »Schlechter!«, wenn sie nicht gleich davon ausgehen, dass es eine selbstständige Gemeinde mit regelmäßigen Gottesdiensten hier wohl nicht mehr geben werde. Und wenn der Pfarrer in drei Jahren pensioniert wird, werde die Stelle sowieso nicht wieder besetzt werden können.

6.3 Keine Krankheit/Kein Schlecht-Ergehen + keine Gesundheit/Wohlergehen → »Die Gemeinde ist unruhig, auf der Suche«

Hier brennt nichts! Also: Niemand ruft nach der kirchlichen Feuerwehr, weil der Dachstuhl in Flammen steht. Aber es ist auch niemand für die Gemeinde ›entflammt‹, also begeistert und ›on fire‹. Vieles ist ganz o.k., kaum etwas entlockt ein ›wow!‹. Manche in der Gemeinde sehen auch keinen Anlass zu Veränderungen, sie wären sogar ein bisschen konsterniert, wenn jemand die beschauliche Ruhe als ›Friedhofsruhe‹ bezeichnete. Ja, sie werden weniger, aber wer da ist, ist doch ganz zufrieden!!

Nur die vor zwei Jahren neu berufene Pfarrerin und ein paar ältere Jugendliche, die sie für ein KiGo-Team gewinnen konnte und für eine kleine Band, und einer der Ältesten im Kirchenvorstand, der in England einer dynamischen ›fresh expression of church‹, also einer neu gegründeten, zielgruppenorientierten Gemeinde begegnet war, spüren so etwas wie eine ›heilige Unzufriedenheit‹, eine produktive Unruhe, weil ›Kirche‹ doch lebendiger und zugänglicher sein könnte – und auch wirksamer in den Sozialraum hinein tätig sein sollte! Noch aber ist es, wie es eben schon seit langem ist:

- Die Gottesdienste folgen einer soliden Liturgie. Die Atmosphäre ist freundlich. Die Pfarrerin gibt sich viel Mühe. Aber wenn sie in ihren Predigten nach dem Auftrag, ja nach der ›Mission‹ der Gemeinde für den Ort und die Menschen außerhalb der ›Kerngemeinde‹ fragt, sieht sie in ratlose, überforderte Gesichter.
- Die Strukturen der Gemeinde machen ebenfalls einen äußerst soliden Eindruck. Gottesdienstraum und Gemeinderäume im Gemeindezentrum aus den 1980er Jahren sind in gutem Zustand. Durch ein Neubaugebiet ist auch die Gemeindegliederzahl stabil. Die Pfarrerin ist auf absehbare Zeit da; noch stellt niemand Pfarrstelle und Eigenständigkeit in Frage.
- Gleichwohl altert und schrumpft der ›harte Kern‹ derer, die zum Gottesdienst kommen, als Lektorinnen mitarbeiten oder im Kirchenvorstand mitwirken. Diejenigen, die sich ehrenamtlich engagieren, tun es mit bewundernswerter Treue. Aber neu hinzugekommen ist schon lange niemand mehr. Kaum jemand könnte von

Menschen erzählen, die den christlichen Glauben neu für sich entdeckten und in der Gemeinde heimisch wurden. Gäbe es da nicht diese zehn, zwölf Jugendlichen und den Ältesten, der jetzt eine Prädikantenausbildung macht, und die Pfarrerin, die auch im Kirchenvorstand immerzu anregt, den Glauben persönlicher zu teilen und mit der Gemeinde in neue Gefilde (bloß: wohin denn eigentlich?) aufzubrechen.

- Das ist ganz ungewohnt für den Kirchenvorstand: Die Ältesten sehen in der Gemeinde den Ort gediegener religiöser Versorgung (ohne dass die meisten aus ihrem Kreis allzu oft daran teilhaben). Sie sehen sich in der Pflicht, das Äußere zu pflegen und die Ressourcen bereit zu stellen. Die neuen Fragestellungen dringen nur zögerlich zu ihnen durch. Aber sie mögen die dynamische Pfarrerin. Wer weiß …

6.4 Gesundheit/Wohlergehen + Keine Krankheit/Kein Schlecht-Ergehen → »Die Gemeinde gedeiht gut und blüht auf«

Damit wir uns nicht missverstehen: Diese Gemeinde kann groß oder klein sein, im ländlichen Raum oder mitten in der Großstadt liegen, von ›Willow Creek‹ inspiriert oder/und von Taizé begeistert oder/und für Frieden, Gerechtigkeit und die Bewahrung der Schöpfung engagiert sein. Ihr Gottesdienst kann traditionell aussehen oder vibrierend zeitgenössisch anmuten. Sie kann solide mit Gebäuden und Personal ausgestattet sein oder fast vollständig ehrenamtlich unterwegs sein und sich in gemieteten Räumen treffen. Was aber lässt sie aufblühen? Warum ist sie anders?

Auch da werden wir nicht auf eine einzige, sondern auf sehr verschiedene Merkmale stoßen:

- Die Gemeinde (und ihre Leitung) hat ein Ziel. Anders gesagt: Sie ›will‹ etwas. Und das heißt: Der Status quo ist nur ein Startblock und nicht die Ziellinie. Und unterwegs erscheinen die, die in dieser Gemeinde mitwirken, neugierig, fehlerfreundlich und lernbereit. Dabei schauen sie mit einer gehörigen Portion Unempfindlichkeit gegenüber kirchlicher Parteibildung in die unterschiedlichsten Richtungen.
- Zu ihrer Lernbereitschaft trägt bei, dass sie nicht nur für Neues, für Experimente und Probeläufe offen sind, sondern dass sie auch gelernt haben, würdevoll Abschied zu nehmen von dem, was seine gute Zeit hatte, aber jetzt eben nicht mehr funktioniert. Heiligen Kühen wird fröhlich hinterher gewunken.
- Ach ja, und wie gern sie Gottesdienst feiern! Sie freuen sich auf die Sonntage. Sie schätzen ihre Pfarrerin und die beiden Prädikaten. Aber sie haben sich auch von der Idee verabschiedet, dass ihre Pfarrerin den Gottesdienst ›hält‹. Es gibt immer die Möglichkeit, an verschiedenen Stationen im Gottesdienst zu beten und sich segnen zu lassen. Es ist in der Regel ein Team, das den Gottesdienst gestaltet. Die musikalischen Stile wechseln zwischen Orgel, Taizé und Worship. Die Bänke in der Kirche stehen kurz vor ihrer Kündigung. Und immer, wirklich immer gibt es Kaffee und Kuchen. Scherzhaft meinte jemand, die Gemeinde hätte drei Sakramente: Taufe, Abendmahl (an jedem Sonntag) – und Kaffee mit Kuchen.

- Ihnen ist eine spürbare Willkommenskultur wichtig. Eher zufällig begonnen, dann umso herzlicher bejaht ergab es sich, dass ein Gemeindeglied, das auf den Rollstuhl angewiesen ist, am Eingang alle freundlich begrüßt und das Liedblatt austeilt (ein Beamer steht auf der to-do-Liste!). Ein erklärtes Ziel ist es, dass alle, die neu hinzukommen, binnen vier Wochen Anschluss finden (beim Kirchenkaffee, in einer Gruppe, durch den [selbst entwickelten!] Glaubenskurs ›First steps‹).
- Was immer im Team gemacht werden kann, wird im Team gemacht. Wofür es kein Team gibt, das wird nicht begonnen oder vorerst zurückgestellt. Wer mitarbeitet, bekommt eine Einführung und hat einen Ansprechpartner. Und wer mitarbeitet, bekommt Angebote sich schulen zu lassen, z. B. in begleitender Seelsorge, in der Sensibilisierung für Missbrauch, im Vorbereiten von Andachten oder im Handwerk guter Leitung. Einmal im Jahr werden die Ehrenamtlichen gefeiert – und bekommen das riskante Angebot, etwas aufzugeben, zu pausieren oder neu anzufangen.
- Die Gemeinde fühlt sich auch für die Nachbarschaft und den Sozialraum zuständig. Sie betreibt im Winter wöchentlich eine Suppenküche für Einsame und Bedürftige (und andere nette Mitmenschen). Sie hat auf ihrem Gelände der Stadt Raum für eine überschaubare Gruppe Geflüchteter angeboten – und will sich nach dem Maß ihrer Kräfte auch um die kümmern, die hier in Containern wohnen werden. In der örtlichen Schule ist sie mit einer Kindergruppe am Ganztagsschulprogramm beteiligt. Jetzt hat sie auch noch die Idee, über einen Förderantrag eine Gemeindeschwester anzustellen, die

Besuche macht, seelsorglich tätig wird und Hilfen organisiert (z. B. für häusliche Pflege und Entlastung der häuslich Pflegenden).

6.5 Und nun?

Wenn diese Kategorien auf christliche Gemeinden zutreffen:

- Worauf kann eine Gemeinde setzen, wenn sie sich zu einer florierenden Gemeinde entwickeln möchte (weil sie unruhig und auf der Suche ist), oder wenn sie merkt, dass sie eher ›abnimmt‹ als wächst (und ums Überleben ringt)?
- Was sollte sie beachten, wenn sie auch in Zukunft aufblühen möchte (und nicht nur einen kurzen ›Frühling‹ erlebt)?
- Und gibt es Aussicht auf Besserung, wenn eine Gemeinde dahinsiecht?
- Und welche Tendenzen fördern unsere innerkirchlichen Reformprozesse und Maßnahmen zum Strukturumbau?

Nota bene: Unsere Beispiele sind genau das und nicht mehr: Beispiele. Es kann alles auch ganz anders aussehen und die jeweiligen Merkmale sind – weitgehend – austauschbar. Jedenfalls die Konkretionen, die sich aus bestimmten Grundentscheidungen ergaben. Ob Suppenkirche, Geflüchtetenhilfe, Besuchsdienst für Ältere, Kranke und Einsame oder Unterstützung bei der Pflege – Hauptsache, die Gemeinde sieht sich als Akteurin im Sozialraum und ist daran interessiert, das Leben von Menschen zu erleichtern! Außenorientierung statt Selbstbeschäftigung! Wie hieß das doch gleich bei Tyler VanderWeele? Eine starke Mission!

Ähnlich ist es mit anderen *Grundentscheidungen*: ein starkes geistliches Zentrum (egal in welchem Format), ein Angebot zu gemeinschaftlichem Leben (egal in welcher Sozialform), eine Verknüpfung mit anderen Gemeinden und Organisationen in der Region, eine Leidenschaft für das Weitererzählen des Evangeliums (unabhängig von der Art und Weise, wie das je nach Kontext aussehen sollte), ein Blick für die verschiedenen Generationen (in aller Freiheit, Schwerpunkte zu setzen), ein Freiraum, dass Menschen ihre Gaben einbringen und eine Kultur, in der sich Menschen willkommen fühlen, in der neue Ideen willkommen sind und Leitung vor allem dem gemeinsamen Handeln dient.

Auch das fanden wir ja bei Tyler VanderWeele: sinnvolle Praktiken, aufblühende Menschen, tragfähige Gemeinschaften, integre und kompetente Führung und Leitung. Ansonsten ist es wie bei Tolstoi (mit dem berühmten ersten Satz aus seinem Roman ›Anna Karenina‹): »Alle glücklichen Familien sind einander ähnlich. Jede unglückliche Familie ist unglücklich auf ihre Weise.« Glückliche Gemeinden werden die gerade gestellten Fragen beantworten, wie auch immer. Unglückliche eher nicht, sei es aus Erstarrung oder Erschöpfung.

7.

Ein theologisches Modell von ›Flourishing‹[xvi]

Sind wir damit zu forsch voran geprescht? Wir haben uns bis hierher sehr an die sozialwissenschaftliche Forschung zum Thema ›Flourishing‹ angeschlossen und nur annäherungsweise auch theologisch argumentiert. Haben wir damit sowohl der christlichen Kirche fremde Kriterien als auch ungeprüft säkulare Reformempfehlungen mit auf den Weg gegeben? Soll das in dem massiven Umbruch der christlichen Kirchen in Europa den Takt vorgeben – ohne jede Rückbindung an die Quellen des Glaubens? Eher nein, nicht wahr? Andererseits: Könnte es sein, dass es hier auch eine Kongruenz gibt: zwischen dem, was Forschende zum menschlichen ›Flourishing‹ herausfanden, und dem, was die Heilige Schrift und die Bekenntnisse unserer Kirchen zum guten Leben des Menschen, zum Gedeihen der Gesellschaft und – mittendrin – zum Aufblühen geistlicher Gemeinschaften zu sagen haben? Könnte man das plausibel machen und der Sorge wehren, bei dieser Kongruenz sei nur der Wunsch Vater und Mutter des Gedankens gewesen?

Um das zu prüfen, haben wir ein theologisches Modell gedeihender Gemeinden entwickelt. Was es leisten soll? Es soll alle Überlegungen zur Weiterentwicklung von Gemeinden (unabhängig davon, wo sie auf dem im vorherigen

Kapitel beschriebenen Kontinuum stehen) geistlich-theologisch grundieren. Das Zielfoto wie auch die Kriterien für die Entwicklung gut gedeihender, ja aufblühender Gemeinden sollen auf diese Weise an das Bekenntnis unseres Glaubens zurückgebunden werden.

Auf dem knappen Raum dieses Buches konzentrieren wir uns dabei auf einen Ansatz – ohne den Anspruch zu haben, es sei der einzige, wohl aber mit dem Hinweis, dass es ein bewährter und gut im Protestantismus verankerter Ansatz ist. Wir folgen dabei einer alten, reformatorischen Spur – und schauen dabei freundlich in die Werkzeugkiste der Gegenwart.

7.1 Zwei- oder dreistellig? Konstitutiva, Vitalia und Adiaphora

In der evangelischen Theologie hat man, wenn man sagen wollte, was die Kirche sei, lange ›zweistellig‹ über die christliche Kirche gesprochen: Man redete

- einerseits von ihren (wenigen) Konstitutiva (also vom ›Grundlegenden‹, das Kirche überhaupt erst Kirche sein lässt, Kirche ins Leben ruft und Kirche lebendig erhält)
- und andererseits von ihren (vielen) Adiaphora (dem ›nicht Unterschiedenen‹) oder ›Mitteldingen‹ (also von dem, was man klug ordnen darf, ohne dass ›das Heil‹ davon abhinge).

Das Augsburgische Bekenntnis von 1530 als (bis heute!) zentrales reformatorisches Bekenntnis, bringt in seinem 7. Artikel die ›Konstitutiva‹ herrlich schlank auf den

Punkt – geistliche Haute Couture statt kirchlicher Überdehnung:

> »Es wird auch gelehrt, dass allezeit eine heilige, christliche Kirche sein und bleiben muss, die die Versammlung aller Gläubigen ist, bei denen das Evangelium rein gepredigt und die heiligen Sakramente laut dem Evangelium gereicht werden. Denn das genügt zur wahren Einheit der christlichen Kirche, dass das Evangelium einträchtig im reinen Verständnis gepredigt und die Sakramente dem göttlichen Wort gemäß gereicht werden. Und es ist nicht zur wahren Einheit der christlichen Kirche nötig, dass überall die gleichen, von den Menschen eingesetzten Zeremonien eingehalten werden, wie Paulus sagt: ›Ein Leib und ein Geist, wie ihr berufen seid zu einer Hoffnung eurer Berufung; ein Herr, ein Glaube, eine Taufe‹ (Eph 4,4.5).«[xvii]

Schlanker geht's kaum: *Wort und Sakrament (Taufe, Abendmahl)* – das ist das Rückgrat. Der Rest sind *Adiaphora,* also nach menschlicher Einsicht und gegebenen Möglichkeiten gestaltbare ›Mitteldinge‹:

- Das entlastet (keine liturgische Zwangsjacke) und verpflichtet zugleich (keine inhaltliche Beliebigkeit).
- Das befreit zur Vielfalt (in den Formen) und bewahrt Einheit (im Glauben).
- Das gibt Stabilität und Dauer (im Glauben) und Freiheit zum Umbau und Neubau (in der Organisation des Miteinanders).

Verkündigung und Sakramente sind zwingend – und zwar evangeliumsgemäß, also im Licht der Rechtfertigung aus

Gnade (Art. 4 des Augsburgischen Bekenntnis). Viermal *allein* (auf lateinisch: solus/sola): allein Christus, allein die Gnade, allein der Glaube, allein die Schrift! Alles andere darf variieren, sich mit der Zeit verändern, *hier* anders als *dort* gestaltet werden – ohne dass das die Einheit im Glauben berührte!). Nie allein, sondern vielfältig und variabel: Lieder und Liturgien, Uhrzeiten und Räume, Leitungsstile, die Selbstorganisation und der Zuschnitt von Gemeinden, die Finanzierung und die Gebäude, die Ämter und Ehrenämter und alle kirchlichen Strukturen (selbst das!!!).

Man könnte sagen: Der Glaube liefert den Teig, die Adiaphora sind Backformen – verschieden groß, rund, eckig, Gugelhupf, aber bitte so, dass der Kuchen wirklich gelingt.

Wenn wir also am ›Gebäude‹ der Kirche schrauben, ist das kein Sakralschock, sondern normales Hausmanagement. Zeiten ändern sich, also dürfen (ja: müssen) Formen mitwandern. Nur gilt die schlichte Reformatoren-Regel: Das Neue muss dem Evangelium dienen – den Glauben ermöglichen, die Gemeinschaft fördern, das Zeugnis klären, den Dienst erleichtern. Alles andere ist hübsch, aber nicht heilig.

Nun kommt – zu Recht – die kritische Nachfrage, wie sie Martin Abraham (und andere) formuliert haben: Wenn wir nur *Konstitutiva* und *Adiaphora* kennen, gerät das Leben dazwischen aus dem Blick. Wort und Sakrament werden benannt, aber zuweilen wie Exponate im Museum: korrekt beschriftet, wenig berührt. Die Ordnungen werden optimiert, aber das Herz schlägt stumm. Die Konstitutiva sind ja da, Hauptsache! Nach dem, was sie bewirken und welche

›Frucht‹ sie hervorbringen, wird nicht gefragt. Zu groß ist die Sorge, wir könnten wieder die Kirche auf den guten Werken gründen – und seien es gute Wirken florierender Gemeinden. Das ist nachvollziehbar, freilich droht hier eine andere Gefahr: dass nämlich die ›Frucht‹ von Wort und Sakrament beliebig wird, wenn nicht sogar uninteressant. Als sei es ein besonders ›evangelisches‹ Merkmal von Kirche, dass man da nichts erwartet, erhofft, erbittet oder gar fördert! Hauptsache Wort und Sakrament sind da! Wenn nur (und solange nur) getauft und gepredigt wird, fragen wir nicht nach dem, was dabei herauskommt!

Für Luther (Konzilienschrift von 1539) folgen auf die Konstitutiva (Wort, Taufe, Abendmahl, Beichte) weitere Merkmale der Kirche Jesu Christi. Konkret benennt er: das kirchliche Amt, Gebet und Bekenntnis, das Tragen des Kreuzes und als notae der zweiten Tafel des Dekalogs ethische Merkmale wie die Ehrung der Eltern, ein intaktes Verhältnis zur Obrigkeit, Friedens- und Vergebungsbereitschaft, Nüchternheit, die Bereitschaft zu teilen. Diese weiteren sind Merkmale, die unmittelbar den Konstitutiva dienen (Amt), das geistliche Leben formen (Gebet) oder ethische Integrität sichern (Vergebungsbereitschaft, Eltern, Obrigkeit).

Der evangelische Theologe Martin Abraham schlägt eine elegante Operation am offenen System vor[xviii]: Zwischen dem Rückgrat (den Konstitutiva als *notae ecclesiae*, also den Zeichen, an denen man die wahre Kirche erkennt) und dem Werkzeugkasten (Adiaphora) steht etwas Drittes – die Vitalia, die Lebenszeichen der Kirche, die *notae vitae ecclesiae*, die Merkmale, an denen sich die Lebendigkeit und Fruchtbarkeit der Kirche ablesen lässt). Wir denken also Kirche nicht mehr *zweistellig,* sondern *dreistellig.* Da geht es nicht um neue Dogmen, aber um die Antwort der Hörenden auf Wort und Sakrament: Es geht um Glauben, Gemeinschaft und Dienst.

Wir könnten auch mit Paulus sagen: Es geht um die Frucht des Evangeliums, also um Glaube, Liebe und Hoffnung (1Kor 13,13).

Oder im biblischen Kurzprofil (Apg 2,42): Beständigkeit in der Lehre, in der Gemeinschaft, im Brotbrechen und im Gebet. Das sind keine ›Extras‹, das sind – um Abrahams Bild aufzugreifen – die ›Extremitäten‹: Hände, Füße, Mund. Ohne sie steht die Kirche zwar aufrecht, bewegt sich aber nicht.

Mit den Vitalia im Blick wird also aus dem zweistelligen Schema ein dreistelliges – und plötzlich sieht man, wie das Ganze zusammenarbeitet:

- Die *Konstitutiva* geben Richtung und Substanz: Christus wird gepredigt, Christus wird gereicht.
- Die *Vitalia* zeigen, dass das Evangelium anlandet: Menschen glauben, versöhnen sich, tragen, feiern, dienen – und man hört es am Tonfall.
- Die *Adiaphora* helfen, dass das Leben fließen kann: sinnvolle Zeiten, verständliche Liturgien, lernende Strukturen.

Theologisch ist das ebenso anspruchsvoll wie tröstlich. Anspruchsvoll, weil niemand sich hinter ›richtiger Lehre‹ oder ›hippen Formen‹ verstecken kann: Wo Wort und Sakrament sind, da darf Leben (höchst unterschiedlich und doch erkennbar aus derselben Quelle) sprießen. Tröstlich, weil die Vitalia eben so vielfältig sind: in der Großstadt anders als im Tal, heute anders als gestern – aber stets auffindbar. Manchmal sichtbar wie ein volles Taufbecken; manchmal leise wie ein versöhntes Gespräch nach der Sitzung. Beides ist ›Flourishing‹ unter dem Kreuz: kein Triumphgebläse, eher Standlicht – und doch echte Bewegung.

Praktisch heißt das: Wir prüfen unsere Arbeit künftig nicht nur an der Klarheit des Evangeliums (muss sein) und der Zweckmäßigkeit der Formen (hilft sehr), sondern auch an den Lebensspuren dazwischen. Hören Menschen Christus? Wachsen Vertrauen und Zugehörigkeit? Dient Leitung wirklich? Werden Schwache gesehen? Klingt in unseren ›Zeremonien‹ die Gnade durch – oder nur die Mikrofonanlage? Kurz: Riecht es nach Leben?

Wenn ja: Dank sei Gott. Wenn noch nicht: Wir fangen nicht bei der Nebelmaschine im Gottesdienst an, sondern beim Herzschlag – und lassen Wort, Sakrament, Vitalia und Adiaphora einander wieder die Hand reichen. Dann wird aus reformatorischer Schlankheit keine magerkurige Kirche, sondern eine kräftige: mit klarem Rückgrat, warmen Händen und guten Schuhen.

Und wer fragt, warum das der Gesellschaft guttut, bekommt eine einfache, aber belastbare Antwort: weil eine solche Kirche nicht nur recht hat, sondern guttut. Und oft – ganz ohne großes Getöse – zum Gugelhupf einlädt.

7.2 Noch einmal: Vitalia auf Englisch

Der englische Theologe Michael Moynagh hat der Reformdebatte einen hilfreich-robusten Kompass geschenkt:

Vitalität zeigt sich dort, wo die Gemeinde in vier miteinander verschränkten Beziehungen reift. Oder mit seinen eigenen Worten:

> »Wenn die Kirche aus vier miteinander verflochtenen Beziehungsgeflechten besteht, dann bedeutet das Heranreifen ein Wachstum in jeder dieser Beziehungen – mit Gott, der gesamten Kirche, der Welt und innerhalb der Gemeinschaft.«[xix] (eigene Übersetzung)

Damit landen wir mitten in unserer ›dreistelligen Idee von der christlichen Gemeinde‹ (Konstitutiva – Vitalia –Adiaphora) und zugleich in einer kreuzesbewussten Lesart von ›Flourishing‹: kein Triumphzug, sondern tragfähige Nachfolge Christi im Alltag in der Diaspora. Was aber bedeutet das: »vier miteinander verknüpfte Beziehungen«? Nachfolge Christi bedeutet in dieser Hinsicht: in diesen vier Beziehungen zu leben und zu reifen, persönlich und miteinander. Und Gemeindeentwicklung ist dann Unterstützung, Pflege und Förderung dieser vier Beziehungen (in) der Gemeinde.

- Unterstützung, Pflege und Förderung der Beziehung ›nach oben‹: Wort und Sakrament (die Konstitutiva) werden so gefeiert, dass Herz und Hand anlanden – Gebet, Anbetung, Hören, Korrektur, Orientierung und Trost. Reife hat hier ein Gesicht: Freude, Gewissheit, Hoffnung – und manchmal auch die heilsame Zumutung, die uns vom Sofa hebt. Gottesdienst ist Feier der Liebe Gottes und seines unbeirrbaren Erbarmens. Lobpreis mit alten und neuen Liedern ist keine Pflichtübung. Gebet wird nicht von vorne vorgeführt, sondern miteinander eingeübt. Und in der Gemeinde gibt es immer wieder Gelegenheit und Anleitung zum persönlichen und gemeinsamen Hören und Beten.

- Unterstützung, Pflege und Förderung der Beziehung ›nach innen‹: Gemeinschaft, die trägt, ohne zu ›betüdeln‹ (norddeutsch für: verwöhnen). Die Vitalia werden sichtbar, wenn in der Gemeinde Vielfalt als Geschenk erscheint, denn höchst unterschiedliche Menschen finden ihren Platz und halten es tatsächlich miteinander aus. Einsamkeit soll niemand erleiden müssen. Die Gemeinde ist kein Publikum, sondern offene, einladende Gemeinschaft mit Tendenz zu Dauer und Intensität. Verbundenheit wächst. Die Gemeinde wird auch nicht betreut, sondern als Heimstatt der Begabten betrachtet. Die Leitenden bauen an einer Ehrenamtsarchitektur, die Menschen befähigt, statt die Gemeinde als ›betreutes Wohnen‹ zu organisieren. Menschen mit ihren besonderen Gaben (und Grenzen) finden ihren Platz und ihre Aufgabe (und werden in ihrem Bemühen gewürdigt und für ihr Tun geschult). Pfarrpersonen verstehen sich als ›Paten‹ (T. von Boehn) der begabten Christenmenschen und *nicht* als Alleinunterhalter, die allenfalls ›notgedrungen‹ Aufgaben an Gemeindeglieder ›delegieren‹. Hauskreise entstehen, in denen ebenso in der Bibel gelesen wird wie Raum gegeben ist zu ehrlichem Austausch (auch über Nöte und Scheitern). Untereinander wächst eine seelsorgliche Kultur: Menschen lernen zu hören, zu begleiten, zu trösten und herauszufordern. Menschen erleben, dass sie Gehör und Geleit finden, Trost und Herausforderung. Das alles wird von einer Leitung unterstützt, die dient und nicht herrscht, die im Hintergrund der begabten Gemeinschaft assistiert und nicht glänzen muss, die zugänglich und in ihrem Handeln integer und transparent ist. Und die Kirche investiert tapfer, vorrangig und großzügig in geistliche wie praktische Bildung der Ehrenamtlichen. Kirchentheoretischer Zwinkerer: Wer nur ›Hauptamt‹ oder nur ›Ehrenamt‹ sieht, übersieht den Leib – und wundert sich, wenn der Fuß beleidigt ist.

- Unterstützung, Pflege und Förderung der Beziehung ›nach außen‹ heißt: Die Gemeinschaft wird also dichter – aber nicht verschlossener. Sie kümmert sich um das gemeinsame Hören und Beten, Feiern und Arbeiten (Fritz Schwarz), aber sie dreht sich nicht – niemals! – um sich selbst. So bekommt das Evangelium neue Adressen: Nachbarschaft und Kommune, Kultur und Vereine, Übersehene und Zugewanderte. Hier greifen ›Flourishing‹ und Gemeinwohl ineinander: Die Community profitiert von der Church – und umgekehrt. Da gibt es ein Lernlaboratorium für Schülerinnen und Schüler oder einen Deutschkurs für Geflüchtete. Da wird der Dialog gesucht mit Moschee, Bürgerverein und Umweltaktivisten. Da werden Kirchentüren weit geöffnet für Menschen, die sich nirgends sonst versammeln könnten. Da gibt es eine Trauercafé nach einer städtischen Tragödie. Da werden Einsame, Alte und Kranke besucht – und alltägliche Hilfen werden organisiert. Und in allem freuen sich die Glaubenden, wenn sie von ihrem Glauben erzählen können, weil sich gerade dafür eine Tür öffnete. Was sie mit Christus erfahren haben, können sie (und wollen sie) gar nicht verschweigen oder gar anderen vorenthalten. Ohne missionarischen Überdruck, nicht als Versuch, glaubensferne Menschen niederzuringen, aber als Ausdruck der Freude und als Privileg, Menschen die Einladung Christi zum Festmahl des Gottesreiches überreichen zu dürfen (vgl. Lk 14,15–24). Theologisch gerahmt wird all das wie bei den anglikanischen Mitchristen durch die fünf Merkmale integrer und integraler Mission, die ›Five Marks of Mission‹: (1) das Evangelium einladend verkündigen, (2) im Glauben bilden, (3) Menschen in prekärer Lage dienen und helfen, (4) soziale Gerechtigkeit fördern und (5) die Schöpfung bewahren.[xx] Pragmatischer Seitenhieb: Ein guter Gugelhupf ersetzt keine Ethik – aber er kann Türen öffnen, durch die die Ethik gehen darf.

- Unterstützung, Pflege und Förderung der Beziehung ›nach unten‹ (oder auch: in die Breite der Kirche) bedeutet: konfessionell verortet, ökumenisch befreundet, regional vernetzt, dialogfähig gegenüber kirchlichen Leitungsebenen – kein ›Kirchturm-WLAN‹, das nur bis zur Sakristei reicht. Solche Gemeinden wissen, dass die Kirche Jesu Christi nicht mit ihnen angefangen hat und nicht an ihren Gemeindegrenzen endet. Isolierung lässt welken, Austausch und Zusammenarbeit lassen aufblühen. Das alles betrifft (immer schon und weiterhin) die örtliche und regionale Ökumene, aber auch die *regiolokale* Weiterentwicklung der evangelischen Nachbarschaft. Weder soll das Leben vor Ort erstickt werden, noch soll die Notwendigkeit regionaler Verdichtung geleugnet werden. Klar ist: Die lokale Gemeinde ist wegen ihrer Nähe zu den Menschen unverzichtbar, muss aber lernen, auf eigenen Beinen zu stehen – pastorale Nah-Versorgung ist Vergangenheit. Klar ist auch: Die

Nachbargemeinden sind Partner und nicht Konkurrenten. In der Region können Ressourcen geschont und Kapazitäten gebündelt werden. Hier werden auch wieder attraktive und gut ausgestattete Kirchen-Erlebnisse feilgeboten. Allein kommen wir nicht mehr über die Runden! Der Ansatz einer Regiolokalen Kirchenentwicklung will das Beste aus beiden Welten vereinen (und nicht das eine auf Kosten des anderen durchsetzen). So wird Regiolokalität zum Vitalitätsmarker: Manches tun wir künftig arbeitsteilig (nicht jeder Ort braucht ›seinen‹ Chor und die Gebäude verwaltet ein zentrales Büro), manches tun wir gemeinsam (das große regionale Tauffest findet Aufmerksamkeit), manches tun wir mit lokalen Kräften vor Ort (einfache Gottesdienste in der Verantwortung von Christen aus der Nachbarschaft, eine spezielle Aufgabe, zu der uns Gott gerade hier und jetzt ruft). An jedem Ort fragen wir: Was ist nun unsere Gabe, unsere Passion, unser Profil, das gerade wir einbringen (in heilvoller Ergänzung mit den anderen in der Region, den anderes aufs Herz gelegt ist)? Übrigens: Dann tun die Menschen, was sie eh gern tun: Sie docken da in der Region an, wo es für sie ›passt‹ (und nicht unbedingt, wo sie wohnen). Und weil wir uns ja regiolokal verstehen, sehen wir das ganz entspannt. Zusammen sind wir Kirche, und die Getauften und Gäste sind nicht unser Eigentum. Entscheidungsgewohnte Erwachsene *entscheiden* – Punkt. Weiter im Takt: Gemeinsam tun wir, wozu wir allein gar nicht kämen: Ehrenamtliche schulen, große Festgottesdienste feiern u. v. m. Kleiner Trost der *theologia crucis*: Netzwerk erspart uns nicht das

Kreuz – aber es macht es leichter zu tragen. Mehr dazu kann man ganz frisch an anderer Stelle bei uns lesen![xxi]

Obendrein sind diese vier ›Beziehungen‹ untereinander verknüpft und verbunden: Ist der Gottesdienst vital, dann stärkt er auch die Gemeinschaft und motiviert zur Sendung, ja wird zum attraktiven Hafen für Suchende. Ist die Gemeinschaft intakt, wird sie sich nach außen wenden, und wer sich der sich nach außen wendenden Gemeinschaft zuwendet, erlebt Überwindung von Einsamkeit in einer gastfreundlichen Gemeinschaft. Und das Miteinander mit anderen Gemeinden bereichert unsere Gebets- und Lobpreis-Sprachen. Es geht immerzu hin und her. Und in jeder Beziehung geht es um das, was Christus in uns erweckt: um Glauben, Hoffnung und Liebe.[xxii]

Unter dem Strich zeigt Moynaghs Modell die Vitalia als ›Extremitäten‹ der Kirche: Was die Konstitutiva speisen, setzt sich in Bewegung – Glaube, Gemeinschaft, Dienst – und die Adiaphora werden zu nützlichen Werkzeugen, nicht zu heiligen Relikten. Messlatte ist nicht der Applaus, sondern die Reife: oben angebetet, innen getragen, außen zugewandt, unten verbunden. Wenn es so duftet, sagt die Stadt: »Hier ist gut leben!« Und wir antworten – bescheiden und ehrfürchtig: »Das Evangelium backt, wir reichen Teller.«

7.3 Wo beginnen?

Wir beginnen in der Mitte, nicht am Rand: Konstitutiva verdienen zuerst unser Augenmerk. Bei aller Vielfalt ist eines undenkbar (und fürs Gedeihen fatal):

- auf das Evangelium zu verzichten, nicht mehr zusammenzukommen, um zu hören, was Gott verheißen und geboten hat; nicht mehr den Sieg des Gekreuzigten und Auferstandenen zu feiern,
- nicht mehr zu taufen und die Getauften daran zu erinnern;
- nicht mehr am Tisch des Herrn Leib Christi zu empfangen – und also Leib Christi zu werden.

Auf vieles kann Kirche verzichten – darauf nicht. Und doch genügt es nicht, dass ›irgendwie, irgendwann, irgendwo‹ eine liturgische Feier stattfindet. Maßstab ist nicht ›irgendwie‹, sondern *evangeliumsgemäß*: inhaltlich klar und kommunikativ zugänglich, damit jenes Wort, durch das Gott den Glauben schafft, auch gehört, verstanden und ergriffen werden kann (mit Recht unterschieden als Gesetz und Evangelium). Mit Passion gepflegt und liebevoll gestaltet – mit dem halt, was wir haben und können, aber davon das Beste! Kurz: Wenn Strukturreformen die Zugänglichkeit von Wort und Sakrament erschweren und das Evangelium nur noch in homöopathischen Dosierungen ausgeteilt wird, ist die Medizin schlimmer als die Krankheit.

Für gemeindliches ›Flourishing‹ heißt das ganz konkret: Sind Wort und Sakrament zentral – in einer Versammlung mit offenen Türen, in einer verständlichen Sprache, mit Formen, die der Vielfalt der Menschen vor Ort entsprechen, spürbar mit Herz und nachdenklich mit Verstand? Wird ihrer Pflege Aufmerksamkeit und Liebe gewidmet – Christus-zentriert, als Zusage der Gnade und Einladung zum Leben in Glauben, Liebe und Hoffnung? By the way: Regiolokale Kirchenentwicklung beginnt genau hier: bei der Zugänglichkeit der Christus-Botschaft. (Humor-Notiz: Eine gute Mikrofonanlage ist nicht schon die Gnade – aber sie hilft, wenn die Gnade spricht.)

Nun der Realitätscheck der Diaspora: Regelmäßige Gottesdienste allein machen das Konstitutive noch nicht konstitutiv. In einer Zeit nachlassender geistlicher Bildung ist ›Glaube‹ für viele zunächst Neuland, dann vielleicht Option. Irgendwann Neugier, Wunsch, Sehnsucht. Hoffentlich am Ende Wahl und Entscheidung. Und dann lebenslanger Weg. Darum stellen wir – mit Wolfgang Huber im Ohr – »das Glaubensthema«[xxiii] sichtbar in die Mitte und investieren in Formate, die verstehen helfen: Alpha-Kurse im Café, Kirche Kunterbunt für neugierige Familien, Bibellektüre für Skeptiker, offene Kirchen mit diskreten Gebetseinladungen, Zeitfenster mit Gesprächsangeboten für die, die es gerade brauchen, Beteiligung für Menschen mit Zeit und Interesse am Engagement – manchmal kommt ›belonging‹ (mitmachen und dabei sein) vor ›believing‹ (glauben), Sprachfähigkeit-Workshops für Ehrenamtliche, Mentoring für Konfirmanden. Erst empfangen, dann ausleben – so bleibt Evangelisation Überfluss, nicht Überforderung.

Als Kompass dienen uns wiederum die vier Beziehungen – nach oben, innen, außen, unten – nachgeordnet den Konstitutiva und sichtbar in den Vitalia. Wie war das doch gleich? Hier noch einmal kurz und knapp:

- Oben: Wort & Sakrament so feiern, dass Freude, Gewissheit, Hoffnung wachsen. Gebet und Lobgesang pflegen;
- Innen: Gemeinschaft, die trägt, nicht betüdelt: ehrliche Hauskreise, Kultur der gegenseitigen Seelsorge, Befähi-

gung zum Ehrenamt statt ›betreutes Wohnen‹ für Getaufte;
- Außen: Gastfreundschaft, Diakonie, Einladung zum Glauben – spürbar für Nachbarschaft und Stadt;
- Unten: konfessionell verortet, regional vernetzt, ökumenisch befreundet, lokal handlungsfähig und profiliert, kirchlich dialogfähig zu den Leitungsebenen (geteilte Ressourcen, gemeinsame Feiern, regiolokale Profilbildung).

Diese Matrix ist zugleich Anregung (was sollte irgendwo Gestalt gewinnen?) und Diagnose-Instrument (was ist zu stark, was zu schwach, was fehlt?). Wenn's eng wird und schmerzhafte Entscheidungen anstehen, hilft sie beim Priorisieren: Nicht alles gleichzeitig tun, aber auch nichts Wesentliches verlieren. Typische Korrekturen: »viel Dienst, wenig Gebet« (→ Atem holen!) – oder »viel Innen, kein Außen« (→ Türen auf!).

Und die Adiaphora? Theologisch ist uns klar geworden: Sie haben nicht die Dignität von Konstitutiva und Vitalia – aber sie sind auch nicht egal. Leitungsmodelle, Ordnungen, Recht, Finanzen, Gebäudestrukturen sollen dem Evangelium und den *notae vitae ecclesiae* dienen, ihnen entsprechen, sie nicht behindern. Wo Geschwisterlichkeit, Charismen und Teilhabe Vitalzeichen sind, darf Leitung ihnen nicht im Wege stehen.

Historische Anmerkung mit Augenzwinkern: Ein ›Führerprinzip‹ war nicht nur ein schrecklicher Irrtum. Da zeigt sich: Adiaphora können auch mal zu Bekenntnisfragen werden.

Wichtig ist aber auch: Adiaphora sind *grundsätzlich* veränderlich. Parochiale Organisation, Pfarrrollen, Immobilien – ehrwürdig? Ja! Heilsnotwendig? Nein! Um jeden Preis zu retten? Nein! Abschiede tun weh, Wandlungen kosten Kraft, ein Kirchengebäude loslassen kann trauern lassen. *Theologia crucis* heißt: Wir scheuen den Schmerz nicht – und prüfen zugleich, ob das Neue wirklich dem Evangelium dient.

Und noch eine praktische Mini-Checkliste zum Schluss:

- Konstitutiva: Wie steht es um unsere Klarheit? Hört hier jemand Christus – heute? Wenn ja: Weiter so! Wenn nein: Text, Ton, Takt prüfen!
- Zugänglichkeit: Versteht ein im ›Kirchischen‹ ungeübter Gast die Einladung? Wenn ja: Für immer mehr Menschen verständlich werden! Wenn nein: übersetzen, kürzen, erklären, ›Sprachen‹ unserer Mitmenschen lernen!
- Vitalia: Wo zeigt sich Leben – Glaube, Gemeinschaft, Dienst? Erzählen, nicht nur zählen!
- Adiaphora: Dient unsere Form dem Inhalt – oder umgekehrt? Wenn ›umgekehrt‹: Bitte umbauen!

So wird aus reformatorischer Schlankheit des Kirchenbildes keine Magerkur, sondern Kraft: klares Rückgrat (Konstitutiva), warme Hände und Füße (Vitalia), passende Schuhe (Adiaphora). Und wenn jemand fragt, warum das der Gesellschaft guttut, sagen wir – bescheiden und ehrfürchtig: Weil hier Hoffnung hörbar wird.

8.

›Flourishing‹ im Licht der *theologia crucis* – ohne Triumph, ohne Stillstand

8.1 Was wir vor Augen haben

Wir suchen *vitale Gemeinden,* aber wir verwechseln *nicht* messbaren Erfolg mit Gottes Güte. Die Idee des *›Flourishing‹* (all das gut Erforschte zum Aufblühen von Einzelnen, Gemeinschaften und Gesellschaft) bleibt ein hilfreicher *Rahmen,* wird jedoch *kreuzestheologisch* gedeutet: Gedeihen umfasst auch Treue *unter Druck,* Hoffnung im Verborgenen, Sehnsucht nach der Einlösung des Verheißenen, Geduld im Leiden und Frucht, die *nicht sofort sichtbar* ist. So entgehen wir dem einen Extrem der *theologia gloriae* (Erfolg = Gottesbeweis) und dem anderen Extrem einer *theologia inertiae* (fromme Rechtfertigungen für Stillstand).

8.2 Zwei Risiken, die wir meiden

Wir wollen weder *hier* noch *dort* vom ›kirchlichen Pferd‹ fallen. Darum meiden wir …

- die Tendenz zur *theologia gloriae (Theologie der Herrlichkeit).* Wenn offenkundige Vitalität, weitreichende

Wirkung und große Zahlen zur Beglaubigung unseres Glaubens werden, verlieren wir den Blick für Gottes Wirken im Kleinen und Schwachen. Das Kreuz lehrt: Gott handelt oft gegen den Augenschein, verborgen gegenwärtig, still und heilsam wirkend. Also feiern wir das Gelingende – ohne es zu absolut zu setzen. Und wir rechnen mit Gottes Dasein und Tat, verborgen unter dem Mühsamen, Kleinen und (wahrhaft) Arm-Seligen.

- den Rückzug in die *theologia inertiae (Theologie des gepflegten Stillstands)*. Das hieße ja: Aus Angst vor jeglichem Triumphdenken blockieren wir jeden Versuch, die Dinge neu zu ordnen, freche Ideen einfach einmal auszuprobieren, neue frische Formen von Kirche nicht nur zu dulden, sondern zu fördern. Wer den Misserfolg für die normale Wirkung unseres Dienstes hält und sich von jeglicher Änderung bedroht fühlt, wird gelähmt und mutlos. Hoffnung, wie wir sie aus der Bibel lernen, ist gestaltend, risikoaffin, tapfer, entspannt bei Fehlern, dankbar und begeistert, wenn etwas klappt: beten, prüfen, planen, säen. Unterlassung ist nicht automatisch demütiger als mutiges Handeln.

8.3 Fünf Grundsätze, die uns auf der Bahn halten

- Erstens: *Wer hofft und gestaltet, ist nicht zwingend einer theologia gloriae verfallen!*
  In der Folge von Martin Luthers Kritik an der ›Herrlichkeits-Theologie‹ (in der Heidelberger Disputation von 1518) werden wir nicht den Wunsch nach Wachstum an sich (oder auch: tatsächliches Wachstum) kritisieren,

sondern die Verwechslung von menschlicher Glorie mit Gottes Werk. Biblisch ist Kirche immer sendungshaft: Sie ringt um verständliche Verkündigung, diakonische Präsenz, missionarische Gastfreundschaft. Und sie hofft stets auf Resonanz, sehnt sich nach mehr Reichweite für das Evangelium und feiert jeden Menschen, der zur Freude an Gottes Liebe findet und in seinem Leben wieder auf die Beine kommt.

Praktisch bedeutet das z. B.: Unsere Jahresziele dürfen ambitioniert sein – solange sie dienend bleiben. Solange es darum zuerst und zuletzt geht: Menschen stärken, nicht Kennzahlen füttern. Solange geistlich geprüft wird, was wir uns da gerade vornehmen (und warum), durch Gebet, Schriftbetrachtung, gemeinsames Unterscheiden unserer Geister.

Geistlich bedeutet das immer: Wie die Landwirte im Gleichnis arbeiten wir auf dem Feld, streuen den Samen aus, pflegen, was wächst. Aber wir machen keinen Regen und wir bringen nicht die Frucht zum Wachsen!

- Zweitens: *Das Kreuz schließt Vitalität nicht aus!*
  »Ich habe gepflanzt, Apollos hat begossen, Gott aber gab das Wachstum«, schreibt Paulus (1 Kor 3,6). Wachstum ist möglich und gut, bleibt aber Gabe. Wir schaffen Bedingungen: klare Botschaft, echte Beziehungen, lernende Kultur, verlässliche Strukturen. Wir setzen uns und andere nicht unter Erfolgszwang: Wenn Gott etwas anderes schenkt (z.B. Reife statt Größe, Lernerfahrungen statt Erfolg), nehmen wir das als Führung an.
  Praktisch bedeutet das: Wir formulieren Ziele als Hypothesen (»Wir erwarten …, wir lernen …«). Wir bauen regelmäßige Lernschleifen ein, indem wir das Ergehen

betrachten und Ziele wie Strategien nachjustieren. Wir wollen vor Gott miteinander auswerten, was wir erlebten und nicht nur KPI-Reviews (Key Performance Indicators) an die Wand werfen.

- Drittens: *›Flourishing‹ gibt es auch klein & unsichtbar!*
  Gedeihen hat viele Gesichter: die tiefe Reife weniger statt der Breite vieler, Gebetswachstum trotz stagnierender Statistik, Diakonie, die an Grenzen geht und trotzdem treu bleibt, Beziehungsdichte im Quartier, obwohl Mitgliedszahlen sinken. Und dann wieder: überraschende Resonanz, unerwartete Gäste, kaum für möglich gehaltene Konversionen!
  Praktisch bedeutet das: Wir üben uns darin, auch das ›leise Gedeihen‹ sichtbar zu machen: durch Zeugnisse im Gottesdienst, durch Einsegnung für (unscheinbare) ehrenamtliche Dienste, durch Jahresberichte mit Qualitätsgeschichten (Versöhnung, Berufungswege, Nachbarschaftsprojekte).
- Viertens: *Das Evangelium kann in einem Atemzug von Leid und Kraft erzählen!*
  Die Geschichte vom Kreuz Jesu endet nicht im Karfreitag, sondern führt in die österliche Dynamik. Kirche lebt aus Kraft, Liebe und Besonnenheit (2 Tim 1,7). Darum rechnen wir mit Widerstand, Scheitern und Enttäuschung. Aber wir hoffen ebenso auf die Gnade durchhalten zu können und überraschenden Segen zu feiern.
  Praktisch bedeutet das: Wir brauchen Räume für unsere Klage und gemeinsame Bewältigung (Psalmen, Fürbitte, Trauercafé), aber auch für neue/erneute Bevollmächtigung (Segnung, Beauftragung, Schulungen). Die

Spannung zwischen beidem zu halten ist geistliche Reife und nicht etwa ein Defekt.

- Fünftens: *Unser Maßstab ist die Treue zum Auftrag.* Nicht die Zahlen entscheiden am Ende des Tages, sondern unsere Bereitschaft, auf Gott zu hören, unsere Bereitschaft, Menschen zu dienen, und unsere Bereitschaft, Gemeinde für unseren Kontext (um) zu gestalten. Rückzug und Resignation sind nicht dasselbe wie Kreuzesnachfolge. Die Jagd nach höheren Zahlen macht nicht automatisch Gott Ehre. Die Leitfrage muss lauten: »Sind wir – mit den Möglichkeiten, die Gott uns hier und jetzt gibt – lebendig im Glauben, treu im Zeugnis, dienstbereit in der Welt?«

8.4 Praxis-Kompass: Sechs Felder des Gedeihens

Jetzt können wir nach dieser (kreuzes)theologischen Klärung und Einordnung noch einmal zu den ›domains‹ des gemeinschaftlichen ›flourishing‹ zurückschauen, die uns Tyler VanderWeele vermittelt hat (siehe Kapitel 4). Sie beschreiben uns auf ihre Weise noch einmal, was in aufblühenden Gemeinden zu erhoffen, zu erbitten und (demütig, kraftvoll) anzustreben ist:

- Gemeinden gedeihen, wenn Einzelne zum Glauben finden und im Glauben wachsen. Was ist das Ziel? Menschen entdecken Christus und wachsen im Glauben, in der Hoffnung und in der Liebe. Sie erleben, wie ihr Leben ›unter dem Kreuz‹ aufblüht. Darum zeigt sich ihre Reife nicht in Stolz und Hochmut, sondern als

Barmherzigkeit, Standfestigkeit in der Anfechtung, Beständigkeit in der alltäglichen Berufung. Was tun wir dafür? Wir geben regelmäßige und gezielte Anreize in Glaubenskursen zum lebenslangen Taufweg. Wir geben Gelegenheit zum Mentoring. Wir öffnen die Gebetsschule. Wir üben Seelsorge und befähigen, das darin Erfahrene nun auch anderen zur Verfügung zu stellen. Wir verfügen über Räume für Klage & Dank.

- Gemeinden gedeihen, wenn Beziehungen untereinander beständig und belastbar werden. Was ist das Ziel? In der Gemeinde wächst eine Kultur des Vertrauens. Konflikte werden rasch bearbeitet. Vergebung wird geübt. Versöhnung findet statt. Alltägliche Unterstützung wird selbstverständlich. Keiner steht unbeachtet in der Ecke. Verletzlichkeit ist erlaubt. Jedem Missbrauch aber wird entschieden ein Riegel vorgeschoben. In manchem ›ertragen‹ wir einander oder tragen die Schwächen des anderen (1 Thess 5,12–15). Gastfreundschaft wird hin und her (und nicht nur für unsere ›buddies‹) gepflegt. Die Bande untereinander werden fester und belastbarer. Dazu regen wir an. Die schon länger da sind, leben es vor und regen zur Nachahmung an. Wir fördern das Entstehen (und die Wachstums- und Teilungsbereitschaft) von Hauskreisen. ›Ess-Tische‹ laden zur Tischgemeinschaft. Schlichtungsteams agieren in verfahrenen Konflikten. ›Stories of Grace‹ werden im Gottesdienst erzählt.
- Dienende Leitung (›Servant Leadership‹[xxiv]): Was ist das Ziel? Führungskräfte und Leitungs-Dienstleister mit Charakter, Kompetenz und Transparenz. Auch das ist dann ›Flourishing‹ unter dem Kreuz: Leitung trägt und

dient, sie sucht Gottes Willen, ihr Ziel ist nicht die Pflege des eigenen, glänzenden Images. Beispiele: Wir ergänzen (nicht: ersetzen) unsere vernünftige Abwägung mit gebetsbasierten Entscheidungswegen. Wir suchen gezielt, aktiv und hörbereit das Feedback und die Ansichten derer, die wir leiten. Wir rechnen mit unserer eigenen Anfälligkeit und prüfen uns selbst – kritisch und ›bußfertig‹. Wir geben regelmäßig Rechenschaft von unserem Tun. Wir bilden uns fort.

- Heilsame Praktiken & Strukturen. Was ist das Ziel? Wort & Sakrament sollen für die Menschen in unserem Kontext zugänglich sein. Die Beteiligung am Leben der Gemeinde soll Interessierten leicht gemacht werden. Die Prozesse sind klar, einfach und nachvollziehbar. Auch das ist ›Flourishing‹ unter dem Kreuz: Alle Formen der Gemeindearbeit sind (nur) Mittel, nicht Selbstzweck. Sie lassen Raum für Schwache, Suchende, Zweifelnde. Sie sind immer ›unter Beobachtung‹: Versagen sie, ändern wir sie. Beispiele: Einfache Zugänge zum Mitmachen (auch auf Probe und auf Zeit), klare Rollenverteilung, Willkommens- und Segensrituale, kurze Wege für Hilfesuchende, eine gereifte Konfliktkultur.
- Erlebte Zugehörigkeit: Was ist unser Ziel? Menschen fühlen sich gesehen, gemeint, getragen, bejaht. Auch das ist ›Flourishing‹ unter dem Kreuz: Zugehörigkeit gilt auch den Unfertigen. Wie war das? »Jeder ist willkommen, niemand ist perfekt, und alles ist möglich« (Menlo Park Presbyterian Church, Menlo, CA, USA, nach eigener Übersetzung). Niemand muss Stärke vorspielen. Beispiele: Patenschaften (nicht nur für getaufte Säuglinge), Besuchsdienst, Inklusion von Menschen mit

Behinderungen, Fürbitten mit Namen, offene Gesprächszeiten.

- Mission (als Licht im Tal, nicht als Triumph- oder gar Kreuzzug): Was ist das Ziel? Es geht um Liebe in Aktion und Einladung zum Glauben. Auch das ist ›Flourishing‹ unter dem Kreuz – Mission arbeitet mit Brüchen: Armut, Trauer, Einsamkeit – und bringt Hoffnung in diese Räume. Beispiele: Lerncafé, Trauercafé, Schuldnerberatung, Stadtteilgebet, Glaubenskurs, Alpha im Café; Kooperationen mit Sozialträgern.

Flourishing Churches

8.5 Vier Schutzgeländer gegen Triumph & Trägheit

- Theologisch: Erfolg ist nicht dasselbe wie Segen. Segen kann verborgen sein. Wir prüfen geistlich (Schrift, Gebet, gemeinsames Unterscheiden) und erzählen auch die unscheinbaren Wunder.

- Spirituell: Wir geben Raum für regelmäßige Klage-, Fürbitten- und Dankformate (z. B. Monatsvesper der Klage, Heilungsgebet, Segnung).
- Strategisch: Wir formulieren Ziele als Hypothesen und justieren nach, wenn wir unterwegs Neues gelernt haben. Neben Output- beachten wir auch Outcome- bzw. Qualitätsindikatoren (z. B. Versöhnungserfahrungen, Zugehörigkeitsgefühl, Berufungswege).
- Kulturell: Wir mischen ›Erfolgsnarrative‹ bewusst mit ›Treue-Narrativen‹ (Wer blieb treu? Wo wurde eine Beziehung heil? Wo entstand Mut trotz Angst?). Wir feiern Menschen, die etwas versucht haben, auch wenn es letztlich nicht funktionierte. Wir danken für Ihren Mut und ermuntern zu neuen Anläufen an anderer Stelle.

8.6 Diagnosefragen für Leitung & Gemeinde

- Wahrheit vs. Sichtbarkeit: Wo halten wir sichtbare Zustände (Größe, Mitgliederzahlen, Wachstum, Schrumpfung) fälschlich für Wahrheit?
- Verborgenes Gedeihen: Welche ›unspektakulären‹ Früchte (Treue, Versöhnung, Gebetstiefe) würdigen wir zu selten?
- Zahlen & Früchte: Welche Zahlen sind hilfreich – und welche Früchte des Geistes (Gal 5) sollten wir stärker benennen?
- Treu auch ohne Applaus: Was würden wir ohne jedes messbare Wachstum genauso treu weiter tun?
- Mut-Achsen: Wo braucht es Mut zur Gestaltung – und wo Mut zum Aushalten? Wo auch Mut zum Beenden?

- Kreuzesbewusste Planung: Wo ist in unseren Plänen Platz für Scheitern, Umwege, Geduld – ohne die Hoffnung zu verlieren?

8.7 Kurzfazit

> ›*Flourishing*‹ ist ein starkes Instrument, wenn es *unter dem Kreuz* steht: Wir planen mutig und lernen demütig, wir feiern Frucht und ehren Treue, wir rechnen mit Wachstum und erwarten zugleich Gottes Handeln *im Kleinen*. So vermeiden wir sowohl *Triumph* als auch *Stillstand* – und werden zu einer Kirche, die *hörend, dienend, gestaltend* unterwegs ist: hoffnungsvoll – und kreuzesbewusst.

9.

›Flourishing‹ und biblischer Segen

9.1 Wo sich ›Flourishing‹ und Segen treffen

Lebensfülle als Ziel: Beide Begriffe zielen auf ein Leben, das gelingend, verwurzelt und sinnerfüllt ist. ›Flourishing‹ spricht von ›Aufblühen‹; die Bibel vom Segen, der das Leben weitet, gedeihen lässt und fruchtbar macht.

Beziehung & Gemeinschaft: Niemand gedeiht allein. ›Flourishing‹ betont tragfähige Beziehungen als wesentlichen Faktor aufblühenden Lebens. Segen wird in einer Gemeinschaft empfangen und weitergegeben – Gottes Volk, Kirche, Nachbarschaft.

»Ich will dich segnen und du sollst ein Segen sein« (Gen 12,2), heißt es, und auch: »Ihr seid das Licht der Welt« (Mt 5,14).

Ausstrahlung nach außen: Beides bleibt nicht privat. Gedeihen und Segen wirken sozial: Hoffnung, Gerechtigkeit, Barmherzigkeit. Das bekräftigen auch die hier schon vorgestellten gemeindlichen ›Flourishing-Felder‹: reifende Menschen, gute Beziehungen, dienende Leitung, heilsame Praktiken, erlebte Zugehörigkeit, klare Mission.

Umfassend gedacht: Körperlich, seelisch, sozial, geistlich – ›Flourishing‹ und Segen zielen auf das ganze Leben.

9.2 Wo sie sich unterscheiden

Sie unterscheiden sich in ihrem jeweiligen (angenommenen) Ursprung:

- ›Flourishing‹ beschreibt irdische Bedingungen und menschliche Fähigkeiten, die das Aufblühen fördern (z. B. Sinn, Tugend, Gesundheit, Beziehungen).
- Segen ist Gottes Gabe – nicht verdient, sondern zugesprochen. Er gründet in Gottes Treue und Güte.

Sie unterscheiden sich auch im Blick auf ihre jeweilige *Messbarkeit*:

- ›Flourishing‹ arbeitet mit sichtbaren und messbaren Indikatoren (Lebenszufriedenheit, Gesundheit, Beteiligung, Netzwerke). ›Flourishing‹ selbst ist kein ›Ding‹, das man messen, zählen oder wiegen könnte. Aber ›Flourishing‹ besteht aus Bestandteilen, die man messen, zählen und wiegen kann, und die gemeinsam das Nicht-Ding ›Flourishing‹ ausmachen.[xxv] Das macht ›Flourishing‹ praktisch anschlussfähig für Gemeindeentwicklung.
- *Segen* hingegen entzieht sich oft der *Quantifizierung*. Er kann verborgen wirken: Hiob erfährt Verlust trotz Segen. Der Psalter kennt das scheinbare Gedeihen der Gottlosen (Ps 73).

Sie unterscheiden sich durch ihre jeweilige Perspektive auf *menschliches Leid*:

- Wer sich mit ›Flourishing‹ befasst, kommt nicht umhin, damit zu ringen, wie *Leid* Teil eines *guten* Lebens sein kann.
- *Segen* hingegen umfasst auch Wege *durch* Anfechtung und ›finstere Täler‹: »Selig ist, wer Anfechtung erduldet« (Jak 1,12). ›Signare‹, das lateinische Wort für ›segnen‹ bedeutet ja: bezeichnen. Wir ›bezeichnen‹ andere (und uns selbst) beim Segnen mit dem Kreuz, stellen unser Leben unter das Kreuz. Und das bedeutet: Wir erwarten Segen auch in den tiefen Tälern (wie auch auf den Höhen und in der Ebene), und wir wissen, dass Segen kein Schutzzauber gegen Leiden ist.

Sie unterscheiden sich in ihrer jeweiligen Zielrichtung:

- ›Flourishing‹ ist primär im Hier und Jetzt verortet; es geht um psychosoziale, emotionale, spirituelle Fülle (unter Einschluss von materieller Sicherheit).
- Segen (schließt das Hier und Jetzt gewiss nicht aus, aber) trägt eine eschatologische Verheißung in sich: Gottes endgültiges Heil und Erlösung, die über das Sichtbare hinausweist.

9.3 Was das praktisch für Gemeinden heißt (›Flourishing‹ als Werkzeug, Segen als Quelle)

Segen bezeichnet das ›Warum‹, und ›Flourishing‹ hilft beim ›Wie‹. Wir können es auch so zusammenfassen:

- Segen als Quelle: Wir leben und dienen aus Gottes Zuspruch. Das entlastet vom Perfektionsdruck und öffnet für Gnade, Umkehr, Trost.
- ›Flourishing‹ als Rahmen: Wir fragen konkret, woran Menschen in Stadt und Land sehen können, dass Gemeinden aufblühen?

Dazu ergänzen wir:

Wenn wir Segen mit ›Flourishing‹ verknüpfen, müssen wir Leid nicht verdrängen: In Krisen wird ›Flourishing‹ nicht ausgesetzt – es verändert sein Gesicht. Segen trägt durch die Nacht; Gedeihen zeigt sich dann als Treue, Hoffnung, gegenseitiges Tragen, auch als Resilienz.

Wenn wir Segen mit ›Flourishing‹ verknüpfen, verbinden sich auch Gegenwartsnähe & Hoffnungsspannung: Wir arbeiten an realen Verbesserungen (Prävention, Teilhabe, seelische Gesundheit) und halten – angesichts der bleibenden Brüchigkeit des Erreichten – zugleich die Hoffnung auf Gottes Vollendung wach.

9.4 Fazit: Segen umfasst mehr – ›Flourishing‹ bleibt wertvoll

›Flourishing‹ liefert eine praxisnahe Sprache und konkrete Felder, auf denen eine christliche Gemeinde ihr Aufblühen anstreben und prüfen kann. Segen geht tiefer: Er setzt bei Gott als souveräner Quelle des Guten an, umfasst auch Leidenswege und öffnet die Perspektive auf Gottes endgültiges Heil. Darum gilt: Gedeihen kann Ausdruck von Segen sein; Segen zeigt sich nicht immer als sichtbares Gedeihen.

Für die Praxis heißt das: Wir planen mit den Werkzeugen des ›Flourishing‹ – und wir leben aus dem Zuspruch des Segens. So wird unsere Gemeinde »Licht der Welt« (Mt 5,14) und Segen für viele (Gen 12,2).

›Flourishing‹ und biblischer Segen sind wie Gugelhupf und Backofen: Beides riecht nach Leben in Fülle, aber die Wärme kommt nicht aus dem Teig. ›Flourishing‹ beschreibt das Aufblühen – Sinn finden, tragfähige Beziehungen knüpfen, den Charakter reifen lassen, seelisch und leiblich stabiler werden – und ja, manches lässt sich sogar zählen (so wie Stücke auf der Kuchenplatte, bevor die Jugendgruppe kommt). Der biblische Segen hingegen sagt: Alles Gute hat zuerst eine Adresse über uns. Er ist Gabe, nicht Eigenleistung. Er ist eher Zuspruch als Zeugnisheft. Das erklärt auch diese biblische Schräglage: Manchmal sitzt Hiob noch in der Asche, während Gott bereits an der Hoffnung backt. Der Psalmbeter (z. B. in Ps 73) wundert sich über das scheinbare Gedeihen der Falschen, und doch bleibt er gehalten. ›Flourishing‹ darf also Diagramme malen, Segen bleibt oft hinter der Ofentür verborgen – man hört nur das leise Klicken der Gnade.

Die Kreuzesspur schützt uns dabei vor Schnappatmung, sobald das Leben drückt. Ein zu flaches Verständnis vom erhofften Aufblühen will immer Scheinwerfer, aber das Evangelium arbeitet verlässlich mit Standlicht. *Theologia crucis* heißt: Segen trägt durch Anfechtung. »Selig ist, wer Anfechtung erduldet« (Jak 1,12) – nicht, wer sie geschickt umgeht.

Gedeihen kann erstaunlich unscheinbar aussehen: die Versöhnung nach einem langen, stummen Streit; die Geduld, nicht jedes Gerücht zu kommentieren; die Treue, sonntags aufzuschließen, wenn sich noch keiner sicher ist, ob jemand kommt. Das klingt nicht nach Eventtechnik, eher nach Thermoskaffee. Und doch blüht es.

Wenn Gott will, gibt es auch sichtbare Momente: Taufen, neue Hauskreise, offene Türen. Aber wir verwechseln Frucht nicht mit Verdienst. Wer die Kuchengabel findet, hat den Kuchen nicht gebacken.

Gleichzeitig ist ›Flourishing‹ ein herrlich praktischer Werkzeugkasten: Beziehungen pflegen, Strukturen heilsam schlichten, Leitung als Dienst denken, Mission als Gastfreundschaft leben. Das ist keine Zauberei, sondern Küchenhandwerk mit Gebet: Wir heizen vor mit Fürbitte, rühren mit Klage und Dank, und wenn der Teig mal reißt, verwenden wir die große Tugend des Reiches Gottes: Geduld.

Biblischer Segen setzt derweil die große Überschrift darüber: »Ich will dich segnen und du sollst ein Segen sein« (Gen 12,2). Das heißt: Was hier entsteht, ist nie nur privat. Der Duft zieht ins Treppenhaus. »Ihr seid das Licht der Welt« (Mt 5,14) klingt plötzlich nach Fenstersims und Nachbarschaft: Wir machen nicht Stimmung, wir machen Licht – und dürfen erstaunt zusehen, wie andere den Weg zur Küche finden.

Natürlich kennen wir die beiden Kurzschlüsse: Wenn alles gelingt, rufen wir schnell: »Gott hat es/uns bestätigt!« – und stehen plötzlich mit der *theologia gloriae* im Rampenlicht. Wenn wenig gelingt, sagen wir »Das ist halt das Kreuz« – und parken im Stillstand (*theologia inertiae*).

Aber das Evangelium lädt uns in die Mitte ein: bescheiden, hoffnungsvoll, verlässlich. Bescheidenheit verwechselt Wirkung nicht mit Wert und macht uns lernfähig (und sympathisch: Humor ist die kleine Schwester der Hoffnung). Hoffnung rechnet mit Auferstehung, auch wenn gerade Karfreitag auf der Agenda steht. Verlässlichkeit heißt: Wir sind da – mit Ohr, Brot und Zeit. Und wenn uns jemand fragt, warum es bei uns trotz Weltlage noch nach Leben duftet, antworten wir nicht mit großspurigen Wortblasen (wie mit einer Nebelmaschine), sondern »bescheiden und ehrfürchtig« (1 Petr 3,15f.): Wir nennen den Geber, nicht unsere Geheimrezepte.

Unter dem Strich: ›Flourishing‹ zielt klug auf das gute Leben hier und jetzt – Prävention, Teilhabe, Resilienz, alltagstaugliche Barmherzigkeit. Der Segen spannt den Horizont weiter: Gott wird alles neu machen; unsere besten Kuchen sind nur Vorfreude. Darum arbeiten wir gern mit den Werkzeugen des ›Flourishing‹, aber wir verlassen uns auf die Wärme des Segens. Wenn es sichtbar blüht, sagen wir »Danke«. Wenn es leise reift, bleiben wir dran. Und wenn es schwer wird, trägt uns alte und neue Liturgie: Klage, Fürbitte, Tischgemeinschaft. So wird Gemeinde zu einem Ort, an dem Menschen sagen: »Hier duftet es nach Leben« – und wir lächeln und antworten: »Der Ofen läuft.«

10.

Ein anekdotischer Zwischenschritt

Es ist sechs Uhr fünf. Die Welt schläft, der Wecker predigt Buße, niemand bekehrt sich. Und doch geschieht ein kleines Wunder: Schuhe finden Füße, Brot findet Butter, und ein weißer VW Polo wird zum liturgischen Gerät.

Schwester Sieglinde – zuverlässig wie das Amen in der Kirche – fährt durch Regen und Stau und macht den Straßenrand zur Sakristei. Schwester Sieglinde holt evangelische Schüler und Schülerinnen für den Religionsunterricht mit dem Auto von zu Hause ab, in der nullten Stunde. Die nullte Stunde heißt so, weil Gott offenbar schon vor eins anfängt zu arbeiten. Zwei, manchmal drei Kinder werden vor dem offiziellen Unterrichtsbeginn für den Religionsunterricht abgeholt: eine unscheinbare Zahl, aber im Himmel sicherlich ein ›Großgottesdienst‹. Obwohl der Religionsunterricht an den Rand gedrängt ist, lässt sich Schwester Sieglinde davon nicht abbringen und sie findet einen Weg. Sie lässt niemanden zurück, sie geht den Einzelnen nach, auch in der scheinbaren Machtlosigkeit der nullten Stunde werden Gesangbuchlieder gelernt und gesungen. Diese Szene ist mehr als Nostalgie; sie ist eine Ikone evangelischer Identität in Österreich und ein Gleichnis für das, was der 1. Petrusbrief ›Zerstreuung‹ nennt.

Der 1. Petrusbrief richtet sich an die Zerstreuten Christen, die in der Fremde leben und bescheiden und treu ihren Glauben leben: einfach aber treu.

Vielleicht leben auch wir so: ein bisschen verstreut, ein bisschen fremd, manchmal auch ein bisschen müde. Wir schauen auf vergilbte Konfirmationsfotos und fragen uns, wo die Gesichter geblieben sind – und warum jetzt auf dem großen Gebäude in der Stadt ein Plus steht, das nicht jeder als Kreuz erkennt. Die Versuchung ist groß, das Ganze als Verlustgeschichte zu erzählen: kleiner, entmächtigt, randständig. Aber die Heilige Schrift hat die Frechheit, Randgeschichten in Sendungsgeschichten zu verwandeln. Jeremia nennt es »Suchet der Stadt Bestes« (Jer 29,7), Petrus nennt es »Heiligt Christus in euren Herzen« (1 Petr 3,15) – und die Apostelgeschichte zeigt, dass Zerstreuung manchmal der Missionsausschuss Gottes ist, den niemand gewählt hat (Apg 8 und 11).

Hier hilft eine kreuzesbewusste Lesart von ›Flourishing‹: Aufblühen heißt im Reich Gottes nicht ›mehr Glanz‹, sondern mehr Treue. Nicht Scheinwerfer, sondern Standlicht. Die *theologia crucis* schützt uns vor zwei Sackgassen: vor der *theologia gloriae*, die Erfolg mit einem Gottesbeweis verwechselt, und vor der *theologia inertiae*, die Stillstand als Demut tarnt. Zwischen beiden fährt Schwester Sieglinde: nicht triumphal, aber zielstrebig; nicht laut, aber verlässlich.

Der 1. Petrusbrief schreibt für genau solche Straßen:

> »Haltet in eurem Herzen Christus, den Herrn, heilig. Seid stets bereit, jedem Rede und Antwort zu stehen, der nach der Hoffnung fragt, die euch erfüllt. Aber antwortet bescheiden und ehrfürchtig« (1Petr 3,15–16a).

Das ist die Spiritualität der Diaspora in drei Bewegungen:

- Erstens: innen heiligen. Christus wird zuerst im Herzen geehrt, nicht in den Statistiken. Bevor eine Gemeinde schlagzeilentauglich ist, ist sie hoffnungsfähig. Hoffnung ist das Herzmuskeltraining der Zerstreuten.
- Zweitens: außen antworten. Rede und Antwort heißt nicht Rede und Abfertigung. Wir erklären die Hoffnung, nicht uns selbst. Das Evangelium hat kein Marketingbudget nötig, aber Menschen, die ansprechbar sind – an Küchentischen, Bushaltestellen, Beifahrersitzen.
- Drittens: bescheiden und ehrfürchtig. Bescheidenheit ist kein Minderwert, sondern ein Missionsmodus. Sie verwechselt Wirkung nicht mit Wert und macht uns lernfähig – zuhören, fragen, dienen. Wer bescheiden ist, kann auch Fehler bekennen – und erstaunlicherweise wächst genau dort Vertrauen.

So verstanden, wird Diaspora-›Flourishing‹ konkret: eine kleine Gruppe, die betet, segnet und ihre Nachbarschaft kennt; eine Gemeinde, die Versöhnung übt, statt Recht zu behalten; Leitende, die Charakter über Charisma stellen; Strukturen, die nicht glänzen, aber tragen; eine Mission, die nicht trommelt, sondern Tische deckt. Manchmal blüht es sichtbar – Taufe, neuer Hauskreis, offene Türen. Manchmal blüht es unsichtbar – ein versöhnter Blick, eine geteilte Last, ein stilles »Danke« nach der Beichte. Beides ist Frucht; beides gehört ins Jahresberichtskapitel ›Wunder‹.

Und der Humor? Er ist die kleine Schwester der Hoffnung. Wer lächeln kann, wenn der Wecker läutet, hat die Auferstehung schon geübt. Wer über den VW Polo als

Dienstfahrzeug des Heiligen Geistes schmunzelt, hat verstanden: Gott liebt es, groß im Kleinen zu sein. Vielleicht ist das das eigentliche Plus am Kreuz über der Stadt – es rechnet nicht mit unserem Glanz, sondern mit seiner Nähe.

Also: Heiligen wir Christus im Herzen. Antworten wir, wenn man uns nach unserer Hoffnung fragt – bescheiden und ehrfürchtig. Und steigen wir immer wieder ein in dieses unscheinbare Auto der Gnade, das uns durch Stau und Gegenwind bringt. Der Motor heißt Treue, der Sprit heißt Liebe, die Straße heißt Welt. Ziel: Schalom – heute schon in Etappen, eines Tages in Vollendung. Bis dahin: Nullte Stunde, volle Gnade.

11.

Diaspora und ›Flourishing‹

Da ist sie, die Diaspora, die Existenz als Minderheit in einer Gesellschaft, die den Christen fremd erscheint, wie auch sie der Mehrheit der Mitmenschen fremd erscheinen. Eine Diaspora-gesättigte Theologie liest ›Flourishing‹ nicht als Rückzug auf kirchliche Wohlfühl-Inseln, sondern als Berufung, auch als Minderheit anderen zum Segen zu werden.

Übersetzt man ›Dia-spora‹ wörtlich, dann bedeutet es so viel wie ›eingestreut‹ zu sein. In der Diaspora als Minderheit zu leben, ist nicht als Strafe oder Verdammnis zu verstehen, sondern als Zumutung mit Verheißung.

Auch in der Zerstreuung – »als Fremde in der Welt« (1Petr 1,1; 2,11) – bleibt die Kirche nicht defizitär, sondern *vokational*: Sie lebt Gottes Schalom mitten in pluralen, manchmal widerständigen Kontexten (vgl. Jer 29,7). ›Flourishing‹ heißt dann: aufblühen im Dazwischen – ohne kulturelle Vorherrschaft, aber mit geistlicher Tiefe.

Praktisch heißt das wiederum:
- Menschen reifen im Glauben,
- Beziehungen werden tragfähig,
- Leitung dient,
- Praktiken & Strukturen werden heilsam,

- Zugehörigkeit ist spürbar und
- Mission geschieht als leises Licht.

Theologisch bleibt das kreuzesbewusst: Gedeihen zeigt sich oft klein, unsichtbar, bruchstückhaft – und ist doch real, weil der Auferstandene seine Kirche gerade in Randlagen befähigt. Diaspora-›Flourishing‹ misst sich daher weniger an Mehrheiten als an Treue, Liebe und Hoffnung: am Wohl der Stadt, an Geschichten versöhnter Nachbarschaft, an der Erfahrung, dass Gottes Segen in der Zerstreuung kreist und sich vermehrt – oft ohne Schlagzeile, aber mit nachhaltiger Wirkung.

Bescheidenheit ist die unscheinbare Triebfeder eines kreuzesbewussten ›Flourishing‹: Sie befreit von der Versuchung, Wirkung mit Wert zu verwechseln, und schützt zugleich vor der *theologia inertiae*, die Gestaltung aus Angst meidet. Geistlich wurzelt sie in der Christusbewegung nach unten (Phil 2,5–11): Wir nehmen den Platz der Dienenden ein, rechnen mit Gottes verborgenem Wirken und schreiben Frucht nicht uns selbst zu. In der Diaspora macht Bescheidenheit die Gemeinde lernfähig (zuhören, kontextsensibel handeln), zum Teilen bereit (Ressourcen, Räume, Anerkennung), reuefähig (Fehler benennen, Wiedergutmachung beginnen) und hoffnungsstark (Geduld für langsame Prozesse). Praktisch heißt das: Wir erzählen ›leise‹ Erfolgsgeschichten. Wir erzählen Geschichten und hüten uns davor Beweise vorzulegen. Liturgie gibt Raum für Klage und Dank. Mission erscheint als Gastfreundschaft und Dienst, nicht als Triumphzug. So wird Bescheidenheit selbst zur Frucht und zum Nährboden weiterer Früchte: Sie hält uns nah am Kreuz, öffnet uns für den

Nächsten und lässt Wachstum geschehen, ohne es zu erzwingen – ein stiller, tragfähiger Beitrag zum Aufblühen der Gemeinde in der Zerstreuung.

Wie sieht das nun aus? Wie kann das gehen?

Es beginnt mit einem Stein im Schuh. Nicht mit einem Strategiepapier, nicht mit einem Mega-Event. Ein winziges Etwas bringt selbst die fittesten Bergfreunde zum Halt: »Stopp – erst das Kleine, dann der Gipfel.« Genau so wirkt der Satz aus 1Petr 3,15–16: eine kleine, aber zentrale Zumutung an den christlichen Lebensstil. Er piekst uns in die Seite, bis wir ihn beachten: Heiligt Christus in euren Herzen. Seid bereit zur Auskunft über eure Hoffnung. Tut es bescheiden und ehrfürchtig. Wenn wir das ignorieren, marschieren wir zwar weiter – aber scheuern uns selbst wund – und andere.

11.1 Christen leben – und werden gefragt

So beginnt nämlich auch Evangelisation, nicht mit *Reden an jemanden,* sondern mit Auffallen. Im 1. Jahrhundert stolpert der heidnische Nachbar über etwas Seltsames: Da ist jemand, der in einer Welt voller Angst hoffnungsvoll lebt, der den Tod nicht verklärt, aber auch nicht gefürchtet verehrt. Diese Hoffnung hat eine Temperatur, die man spürt – wie Körperwärme an einem kalten Morgen. Und dann kommt die Frage: »Warum? Was ist der Grund dieser Hoffnung?« Zwischen ›Rede halten‹ und ›zum Reden aufgefordert werden‹ liegt ein himmelweiter Unterschied. Das eine klingt nach Marktschreier, das andere ertönt wie eine Einladung. Christen leben – und werden gefragt.

Kleine Dinge mit großem Echo: die WhatsApp-Nachricht um 23:41 (»Gib nicht auf!«), der gute Kuchen im Gemeinde-Café, der Ehrenamtliche, der zuhört, bis ein Knoten im Herzen aufspringt. Solche ›Kleinigkeiten‹ sind Wegweiser: »Hier wohnt Hoffnung.« Und plötzlich stellen Menschen Fragen. Nicht, weil wir lauter reden, sondern weil wir hörbar leben.

11.2 Christen empfangen zuerst – und leben es aus

Petrus setzt die Reihenfolge fest: nicht »seid redegewandt«, sondern »heiligt Christus in euren Herzen.« Evangelisation ist kein Muskel, den man trainiert, sondern ein Überfluss, der sich nicht zurückhalten lässt. Nennen wir es ruhig ›Selbstevangelisierung‹: Zur Quelle gehen. Beten. Klagen dürfen. Danken lernen. Abendmahl schmecken. Vergebung nicht als Theorie, sondern als Entlastung im Kreuzband des Alltags erfahren.

Wer das vernachlässigt, gerät in zwei Gräben: evangelistische Überheblichkeit (»Hauptsache Verkaufsabschluss!«) oder evangelistische Depressivität (»Ich sag lieber gar nichts …«). Beides riecht nicht nach Evangelium.

Die nüchterne Wahrheit (und sie ist tatsächlich tröstlich): Die Bibel kennt ›Evangelisation‹ erstaunlich selten als Programm, aber ständig als Folge von Freude. Menschen begegnen Christus – und erzählen. Sie werden gefragt – und antworten. Sie werden getröstet – und trösten. Das ist ›Flourishing‹ unter dem Kreuz: Aufblühen, das nicht mit Glanz verwechselt werden kann, sondern mit Treue einhergeht. Kein Feuerwerk, eher Standlicht. Bescheidenheit ist hier kein Minderwert, sondern die Missionshaltung der Diaspora: lernfähig, reuefähig, hoffnungsstark.

Beispiele? Die Mutter, die das Abendgebet flüstert und damit mehr Theologie treibt als manche Bibliothek. Die Lektorin, die von der Freundschaft Jesu erzählt, weil sie sie erlebt. Die Gemeinde, die Gugelhupf verschenkt – und damit Würde. Ein Glaubenskurs im Café, in dem mehr Fragen offen bleiben als geschlossen werden – und genau deshalb Vertrauen wächst.

11.3 Christen handeln – und reden

Woran erkennt man, dass Gott wirklich das Sagen hat? An der Atmosphäre: Zuneigung statt Zynismus, Barmherzigkeit statt Balance Sheet, Demut statt Dauer-Performance.

Gemeinden, die so sind, werden nicht ›evangelistisch‹, weil sie es sich vornehmen; sie können gar nicht anders. Man hört es am Tonfall (»Komm, setz dich!«), man sieht es an Prioritäten (guter Kuchen, gutes Hören), man spürt es in Krisen (wir rennen nicht weg, wir bleiben).

Hier beginnt Kirchenentwicklung: nicht mit der Folie ›Wachstum 2030‹, sondern mit der Frage: Wo blüht es leise – und wem dienen wir? Messbar? Manches ja. Vieles nicht. Aber man kann es erzählen: Versöhnte Freundschaften. Erleichterte Seelen. Neuanfänge im Kleinen.

Eine Gemeinde wird so zum ›Ort der neugierigen Fragen‹. Und falls niemand zuhören will, hilft es nicht, lauter zu rufen. Dann prüfen wir lieber: Ist unser Leben hörenswert? Reibt es, tröstet es, weckt es Sehnsucht?

Und jetzt das Augenzwinkern aus der ›Schule der nullten Stunde‹: Schwester Sieglinde im weißen VW Polo. Ihr Modell ist bemerkenswert zeitlos: bescheiden, geduldig, treu – und erstaunlich wirksam. Null Sichtbarkeit, maximale Zuverlässigkeit. Kein Scheinwerfer, aber eine Richtung. In einer Welt, die Wirkung mit Wert verwechselt, ist das fast schon revolutionär. Die *theologia crucis* nickt anerkennend: So sieht ›Flourishing‹ aus, wenn es die Kreuzesform annimmt. Es glänzt selten, aber es trägt. Es zählt nicht, wie viele auf der Rückbank sitzen, sondern dass man sie abholt.

11.4 Schluss – Stein raus, Herz frei, Mund offen (aber sanft)

Vielleicht ist das ein hilfreicher Dreischritt:

- Stein raus – das Kleine ernst nehmen: Quelle pflegen, Hoffnung nähren, Bescheidenheit üben
- Herz frei – Christus heiligen, Klage & Dank kultivieren, Treue feiern
- Mund offen – bereit zur Antwort, wenn gefragt wird; bescheiden und ehrfürchtig, wenn wir sprechen.

Dann wird »Go tell it on the mountain« kein Befehl, sondern physiologisch unvermeidlich – wie Atemluft nach einem steilen Anstieg. Und wenn uns die Pulsuhr wieder einmal fragt, ob alles in Ordnung sei, sagen wir: »Nicht alles. Aber genug – denn Hoffnung ist da.«

12.

Warum tut eine solche Gemeinde der Gesellschaft gut?

Warum braucht es die Gemeinde? – Weil das Evangelium gesehen, geschmeckt, gehört werden will. Ernst Lange nennt das ›Draußen‹ den »Ernstfall des Glaubens«: Der Glaube beweist sich im Alltag, an der Bushaltestelle, im Pflegeheim, am Küchentisch.[xxvi] Leslie Newbigin ergänzt dieselbe Sache von der anderen Seite: Die Gemeinde ist die »Hermeneutik des Evangeliums« – seine lebendige Auslegung.[xxvii] »Wie ist es möglich, dass das Evangelium glaubwürdig ist und die Menschen glauben, dass die Macht, die das letzte Wort im menschlichen Leben spricht, durch einen Mann am Kreuz repräsentiert wird? Ich behaupte, dass die einzige Antwort, ja die einzige Hermeneutik des Evangeliums, eine Gemeinschaft von Männern und Frauen ist, die das glauben und danach leben.«[xxviii] Daran lernt die Nachbarschaft, was ›gute Nachricht‹ heißt: am Tonfall unserer Fürbitte, an der Art, wie wir streiten und vergeben, an unserer Tischkultur, unserem Umgang mit Schwäche, an dem, was auf unserer Agenda steht. Kurz: Die Gemeinde ist Gottes Untertitel für eine Welt mit ausgeschaltetem Ton.

Das ist ein hoher Anspruch? Stimmt. Aber er richtet den Fokus endlich auf das richtige Subjekt: nicht die kirchliche Gesamtinstitution ›da oben‹, sondern die konkrete

Gemeinschaft vor Ort – lokal, nachbarschaftlich, beziehungsorientiert. Langes Ernstfall und Leslie Newbigin's Hermeneutik bereichern Diaspora-›Flourishing‹: Sonntags Gnade einatmen (Konstitutiva: Wort & Sakrament), werktags Gnade ausatmen (Vitalia: Glaube, Gemeinschaft, Dienst), und die Adiaphora so ordnen, dass das Ganze zugänglich bleibt (Sprache menschlich, Wege kurz, Türen offen). *Theologia crucis* schützt dabei vor Größenwahn und Stillstand: Wir verwechseln Frucht nicht mit Verdienst und bauen lieber Standlicht auf als Scheinwerfer ab.

Und wie schon gesagt: Größe ist kein Qualitätsmerkmal, kann aber zum Problem werden. Leslie Newbigin und Ernst Lange wären sich schnell einig: Wenn eine Gemeinde so groß wird, dass der Ernstfall des Alltags nur noch Theorie ist, wird sie zur Sendeanstalt ohne Empfang. Dann ist Demut angesagt: kleiner werden, mehr Orte geistlichen Lebens wagen – mehrere Küchen statt eine Mensa, mehrere Herde statt eine Großküche. Viele kleine, nahe Räume (Hauskreise, Gebetszeiten, Lern- und Trauercafés, Nachbarschaftstische) sind bessere Deute-Orte des Evangeliums als eine ferne Bühne. Oder eine fusionierte Riesengemeinde, deren Gottesdienstraum am anderen Ende der Stadt oder im weit entfernten Dorf hinter den Hügeln liegt. Regionalisierung ohne die Nähe von Gemeinschaft, Dienst und Feier verschlimmert die Abbrüche der Kirche, gegen die sie doch helfen sollte. Brauchen wir mehr oder weniger gemeindliche Orte? Eher mehr, aber mehr in eingeübter, bescheidener, gabengesättigter Eigenständigkeit (und nicht als pastorale Versorgungsfälle).

Warum braucht es also die Gemeinde? Weil das Evangelium Körper braucht. Eine Gemeinde mit Körpersprache:

die Konstitutiva als Herzschlag, die Vitalia als Hände und Füße, die Adiaphora als Schuhe – bequem genug, um wirklich draußen zu gehen. Dienstfahrzeug der Gnade?

Und dann gibt es noch eine ganze Reihe sozialempirischer Einsichten, warum Gemeinde ›einfach gut tut‹. Kurz gesagt: weil sie das liefert, was viele andere Systeme nicht (mehr) zuverlässig bringen – und das in einer Mischung aus Sachverstand, Sozialkapital und Gugelhupf.

- Sozialkapital ohne Bezahlschranke (›Paywall‹): Gemeinden, die bescheiden, hoffnungsvoll und verlässlich leben, erzeugen »Brücken- und Bindungs-Kapital« (Robert B. Putnam). Menschen lernen Vertrauen, Verbindlichkeit und das kleine 1×1 der Kooperation (»Kannst du am Samstag Kuchen backen?« – »Ja, gerne!«). Das klingt trivial, ist aber die Infrastruktur der Demokratie. Wer Menschen und Meinungen aushält, kann auch Stadtrat sein.
- Seelische Erste Hilfe – niedrigschwellig. Zwischen Therapeuten und TikTok klafft oft eine Lücke. Eine solche Gemeinde bietet Rituale der Klage und des Trosts, Gesprächsräume, Fürbitte, Geleit, Tischgemeinschaft. Das senkt Einsamkeit, fängt Krisen ab und stärkt Resilienz – nicht mit Zaubertricks, sondern mit Zeit. Nebenwirkung: geringere Lautstärke im inneren Monolog.
- Sinn & Verantwortung statt Zynismus-Diät. Wer Christus im Herzen »heiligt«, predigt nicht Dauergrinsen, sondern tragfähige Hoffnung. Das motiviert zu Ehrenamt, Nachbarschaftshilfe und fairer Arbeit. Ergebnis: mehr Leute, die eher anpacken als abwinken. Achtung:

Kann zu spontanen Umräumaktionen im Gemeindehaus führen.

- Mehrgenerationen-Team als Normalmodus. Wo Baby, Teenie, Millenial und Midlife, Baby Boomer und Hochaltrige zusammen feiern, entsteht ein gelebter Generationenvertrag: Wissen wandert, Geduld wächst, Kinder werden zu ›Mitmenschen‹ erzogen, nicht zu Projektleitern ihrer eigenen Karriere. So etwas nennt man im Stadtkern ›Third Place‹ – bei uns heißt es einfach Kirchencafé.
- Ethik zum Mitmachen. Die theologia crucis bremst Triumphgebaren und lehrt Bescheidenheit. Daraus entsteht eine Kultur, in der Fehler benennbar sind (Aufarbeitung statt Weglächeln), Macht geteilt wird (dienende Leitung), Gerechtigkeit geübt wird (Diakonie). Das ist praktische Compliance mit Seele – und die Stadt muss es nicht ausschreiben.
- Krisenfähigkeit mit kurzer Reaktionszeit. Ob Hochwasser, Trauerfall oder Vereinszoff: Diese Gemeinden sind sofort einsatzbereit. Nicht, weil sie überall Lampen aufhängen, sondern weil sie Lampen halten. Man kann sich darauf verlassen, dass jemand das Telefon abhebt, eine Suppe kocht, ein Gebet spricht. Logistik-Code: VW Polo, weiß.
- Integration, die Namen lernt. Willkommenskultur funktioniert am besten am Tisch. Wer Gäste kennt, integriert besser als jedes Formular. Eine solche Gemeinde führt nicht Statistiken über ›Fälle‹, sondern Geschichten über Freundschaften.
- Kultur der kleinen Wunder. Wenn Zahlen nicht vergötzt und Niederlagen nicht tabuisiert werden, wird der Blick

frei für das leise Gedeihen: Versöhnte Nachbarn, entlastete Pflegekräfte, Jugendliche, die bleiben. Das macht eine Stadt nicht spektakulärer, aber bewohnbarer.

Fazit: Diese Gemeinde ist kein Wellness-Tempel und keine Weltverbesserungsagentur, sondern ein Backofen für öffentliches Wohlwollen (wie schon in Apg 2,47). Wir bringen die Zutaten (Zeit, Ohr, Brot, Humor), Gott liefert die Wärme. Das Ergebnis duftet nach Sinn, Solidarität und sanfter Hoffnung. Und ja – manchmal ist das größte gesellschaftliche Upgrade einfach jemand, der sagt: »Setz dich. Es gibt Kuchen. Erzähl.« Empirisch belegt durch die Zahl der leeren Teller.

13.

So ganz konkret …

… wird in jedem Einzelfall deutlich: Gedeihen entsteht nicht trotz, sondern unter Begrenzung, Anfechtung und Verborgenheit. Beispiele gefällig? Gerne!

Hauskirche in säkularer Innenstadt (mit 10 bis 15 Personen).

Spuren des Kreuzes: Sie sind wenige. Öffentlich sieht man sie kaum. Wer sie sieht, wundert sich oder spottet über die ›religiöse Resttruppe‹.

›Flourishing‹-Frucht: Tiefe Jüngerschaft, geteilte Liturgie der Klage & des Danks, regelmäßige Tischgemeinschaft, zwei Nachbarn finden zum Glauben – ganz ohne ›Event‹.

Bibelklang: 1. Petrusbrief (Fremdheit), 2Kor 12,9 (»Meine Kraft vollendet sich in der Schwachheit«).

Refugee-Gemeinschaft im Provisorium

Spuren des Kreuzes: unsicheres Aufenthaltsrecht, Traumata, Sprachbarrieren, kulturelle Fremdheit.

›Flourishing‹-Frucht: Heilungsgebete, Rechtsberatung mit Partnern, geteilte Kinderbetreuung, Sprachkurse. Drei Patenschaften zwischen ›alter‹ und ›neuer‹ Gemeinde.

Bibelklang: Jer 29,7 (das Beste der Stadt suchen), Mt 25 (Fremde aufnehmen, Gefangene besuchen).

Periphere Land-Parochie mit schrumpfender Zahl

Spuren des Kreuzes: Abschied von Traditionen, Angst vor dem Verlust von Gebäuden, Gottesdienst, Pfarrperson, Treffpunkten.

›Flourishing-Frucht‹: Gottesdienste, von den Ältesten mit Hilfe der mitteldeutschen Gemeindeagende ohne Pfarrperson geleitet[xxix] – und von der Gemeinde fröhlich angenommen, Café-Treff einmal in der Woche, Proberaum für eine Jugendband; ›Erzählgottesdienst‹ sammelt Versöhnungsgeschichten aus dem Dorf.

Bibelklang: Ps 23; Röm 12,12 (Hoffnung, Geduld, Beharrlichkeit).

Studentische Gebetszelle an einer säkularen Universität

Spuren des Kreuzes: intellektueller Gegenwind, Minderheit im säkularen Raum, Probleme, Räume etc. zu bekommen.

›Flourishing-Frucht‹: wöchentliche Fürbitte für alle Fachbereiche, offene Sprechzeiten, ›Coffee & Questions‹, Taufkurs für Skeptische, Büchertisch mit Apologetischem als Kontaktbrücke.

Bibelklang: 1Kor 1,18ff. (Torheit des Kreuzes), Kol 4,6 (Salz & Milde).

Werkstatt für Versöhnung nach Vereinskonflikt

Spuren des Kreuzes: verletzte Egos, zerbrochene Freundschaften, kaltes Schweigen.

›Flourishing-Frucht‹: extern moderierte Aussprachen, Buß- und Segnungsfeier, schriftliche Wiedergutmachungen, gemeinsam initiierte Nachbarschaftshilfe.

Bibelklang: Mt 5,23–24; 2Kor 5,18 (Dienst der Versöhnung).

Diakonisches Lerncafé am sozialen Brennpunkt im Viertel

Spuren des Kreuzes: Frust über wenige ›Erfolgsgeschichten‹, Burnout-Risiko.

›Flourishing-Frucht‹: stabile Beziehungsnetze, sinkende Einsamkeit, zwei ehrenamtliche ›Alumni‹ werden Mentoren.

Bibelklang: Gal 6,9 (im Gutes-Tun nicht ermatten), Jak 1,27.

Gemeinde nach Missbrauchsskandal (Weg der Buße)

Spuren des Kreuzes: Scham, Vertrauensverlust, notwendige Transparenz.

›Flourishing-Frucht‹: unabhängige Aufarbeitung, Schutzkonzepte, heilende Liturgien (Klagepsalmen, Fürbitte), Wiederaufbau von Vertrauen durch lange Treue.

Bibelklang: Ps 51; Joh 20,27 (Wunden zeigen).

Geteilte Räume mit einer Moschee/einem Kulturverein

Spuren des Kreuzes: Kritik von ›beiden Seiten‹, kulturelle Reibung.

›Flourishing-Frucht‹: gemeinsame Sozialküche, Winterwärme-Projekt, Dialogabende, entstehende Freundschaften.

Bibelklang: Röm 12,18; Mt 5,9 (Friedensstifter).

Leitung in Schwäche
(Krankheit des Pfarrers/der Pastorin)

Spuren des Kreuzes: Ausfall von gewohnten Diensten und Begegnungen, Enttäuschung über »fehlende Performance«.

›Flourishing-Frucht‹: Geteilte Leitung entsteht. Charismen werden entdeckt. Gemeinde lernt Fürbitte, Geduld und gegenseitige Fürsorge.

Bibelklang: 1Kor 12 (Leib mit vielen Gliedern).

»Zahlen rückwärts – Reife vorwärts«

Spuren des Kreuzes: Rückgang der Mitgliederzahlen, negative Presse.

›Flourishing-Frucht‹: Deutlicher Zuwachs an Erwachsenen-Taufen nach längerem persönlichem Glaubensweg, Stabilisierung psychischer Gesundheit durch Seelsorge-Sprechstunden, hohe Zufriedenheit bei den Ehrenamtlichen.

Bibelklang: 1Kor 3,6 (Gott gibt das Wachstum), Joh 15,5 (Frucht in Christus).

Klage-Vesper nach Stadttragödie

Spuren des Kreuzes: kollektive Ohnmacht, Sprachlosigkeit, lähmende Trauer

›Flourishing-Frucht‹: öffentlicher Raum für Tränen, Kerzen, Psalmen; Einrichtung eines langfristigen Trauer- und Beratungsangebots; glaubwürdige Nähe zur Stadt.

Bibelklang: Klgl 3; Röm 12,15 (mit den Weinenden weinen).

Berufungswerkstatt für ›gewöhnliche‹ Berufe

Spuren des Kreuzes: unsichtbare Alltagsheiligung ohne Bühne.

›Flourishing-Frucht‹: Christen entdecken Sinn im Pflege-, Bau-, IT-, Gastronomie-Alltag; Segnung im Gottesdienst; neue Ethik-Initiativen am Arbeitsplatz.

Bibelklang: Kol 3,23; 1Petr 2,12.

Der gemeinsame Faden: Diaspora-›Flourishing‹ misst sich nicht am Applaus, sondern an Treue, Liebe, Hoffnung. Die *theologia crucis* schützt vor Triumphismus und vor Stillstand: Wir rechnen mit sichtbarer Frucht, ehren aber ebenso das verborgene Gedeihen – das Gott im Kleinen wachsen lässt. Und wir lassen uns nicht durch Rückschläge entmutigen. Oft sind wir abends sehr müde, aber wir spüren etwas vom Privileg, »im Auftrag des Herrn unterwegs« zu sein.

14.

Aufblühen am Ufer

14.1 Eine Bibelarbeit (fast) zum Schluss: Johannes 21,1–14

Joh 21,1: »Danach offenbarte sich Jesus abermals den Jüngern am See von Tiberias. Er offenbarte sich aber so:«

Das göttliche P. S. – »Ich hätt' da noch was«: Die Worte im Johannesevangelium sind eigentlich ein Anhängsel, die göttliche Fußnote, das ›P. S.‹ unter dem Evangelium. Alles Relevante zum Glauben ist gesagt, und trotzdem kommt der Auferstandene noch mal um die Ecke: »Eins noch: So erkennt ihr mich in der Zeit der Kirche.«

Joh 21,2: »Es waren beieinander Simon Petrus und Thomas, der Zwilling genannt wird, und Nathanael aus Kana in Galiläa und die Söhne des Zebedäus und zwei andere seiner Jünger.«

Sieben Namen, fünfmal Fehlanzeige – willkommen in der Diaspora: Der Evangelist zählt *sieben* Jünger. Mathematik der Gegenwart: fünf fehlen. Und ja, es fühlt sich an wie Mitgliederentwicklung live. Aber Achtung: Die Bibel verliert nicht die Nerven, wenn die Statistik schwankt. Sie fragt final, nicht kausal: Wozu sind die sieben da? ›Flourishing‹ *beginnt* nicht mit Organigrammen für die Strukturreform, sondern mit Sinn: Wozu sind wir hier? Konstitutiva! Vitalia! Adiaphora in der dritten Reihe, danke!

Joh 21,3a: »Spricht Simon Petrus zu ihnen: Ich gehe fischen.«

»Ich gehe fischen« – Routine, aber bitte ›getauft‹: Petrus reagiert, wie Menschen reagieren: Er nimmt den Job, den er kann. Fischen. Für heutige Übertragung bitte Excel oder Teams einsetzen. Die Pointe ist nicht: »Lasst alles stehen und geht in die liturgische Artistik.« Die Pointe ist: Dasselbe – neu. Oder wie Jesus es formuliert: »Wirf rechts.« Rechts heißt im Bibelsprech: bewusst, im Licht, nicht im Nachtmodus des Autopiloten. Kein Aktionismus, sondern gehorsame Variation. Im ›Flourishing‹-Deutsch: Haltung vor Hebel. Auch bekannt als: »Wir ändern nicht zuerst die Sitzordnung, sondern den Ton.«

Praxis deluxe: Wer gut kocht, gründet kein 87. Gremium, sondern ein offenes Essen – und spricht in Menschensprache über Gnade. Wer singen kann, singt Evangeliumsminuten (90 Sekunden Klartext, keine Esoterik). Wer zuhören kann, macht Seelsorgezeiten publik – Tür auf, Ohr an, Klage erlaubt. Rechts werfen heißt nicht: neue Show. Es heißt: gleiche Netze, anderer Geist.

Joh 21,3b: »Sie sprechen zu ihm: Wir kommen mit dir. Sie gingen hinaus und stiegen in das Boot, und in dieser Nacht fingen sie nichts.«

Nacht und Nullfang – Diagnose ohne Drama: »In dieser Nacht fingen sie nichts. « Kein Zufall, dass hier von der Nacht die Rede ist. Die Spirale der Resignation und des Rückzugs führt zu einer Nachtstimmung in der Jüngerschar. Auch schön, diese Ehrlichkeit. Johannes blinkt: Nacht = Gottferne. Kein Shaming, aber klare Diagnose: Profis am Werk, Herz im Leerlauf, Netze leer. Liturgische Anwendung: Wir dürfen ›Nein‹ sagen. »Nein, Herr, wir haben nichts.« Kein Ausweichen auf Säkularisierung, Pluralisierung. Die Nacht auf dem See macht es noch intensiver und deutlicher. Entweder man versinkt im See, im Abgründigen, im Bodenlosen oder man bekommt auf dem Festland Boden unter die Füße. Leere Hände zu zeigen ist der Beginn der Gnade.

Joh 21,4a: »Als es aber schon Morgen war, stand Jesus am Ufer.«

Morgen am Ufer – Jesus macht den Sonnenaufgang: »Als es aber schon Morgen war, stand Jesus am Ufer.« Nicht, weil zufällig die Zeit um war; der Morgen kommt, weil er da steht. Evangelium dreht nicht das Thermometer höher; es bringt Wärme ins Zimmer. Wo Jesus ist, weicht die Bodenlosigkeit und wir bekommen festen Grund unter den Füßen. Wo Jesus ist, haben wir festen Grund – und sei es über dem Abgrund. Gott sei Dank gibt es den Morgen, er ist der Grenzbereich des Neuen. Dort, wo von den Jüngern nichts anderes mehr zu erwarten war als die Fortsetzung der leeren Routine, dort wo von der Gemeinde nichts mehr erwartet wird, als dass es weiter geht wie bisher, dort steht Jesus. Die Güte des Herrn hat kein Ende! – so besingen wir es. Gemeindetheoretisch: Wir leben nicht vom Wetterbericht (Presse, Trends, Budget), sondern vom Ufer: der Gegenwart Christi in Wort & Sakrament. Das ist unsere Konstitutiva-Ansage: Motor vor Felgen.

Joh 21,4b+5: »… aber die Jünger wussten nicht, dass es Jesus war. Spricht Jesus zu ihnen: Kinder, habt ihr nichts zu essen? Sie antworteten ihm: Nein.«

»Kinder, habt ihr was?« – Zärtlichkeit, dann Wahrheit, dann Auftrag. Jesus fragt nicht, weil er's nicht weiß, sondern damit wir's aussprechen. »Kinder« – nur ein einziges Mal im Johannesevangelium, und die Jünger schaffen es: »Nein.« Der Mensch soll sich selbst eingestehen, dass er buchstäblich nichts besitzt, um davon zu leben. Die Menschen sollen sich eingestehen, dass »ein Leben, wie sie es bisher geführt haben, sie nicht ernähren kann, ja dass sie, offen ausgesprochen, umkommen vor Hunger und trotz aller Bemühungen letztlich vollkommen leer geblieben sind.«[xxx] Wie schwer fällt einem so ein Geständnis? Denn solange es nur irgendwie geht, wird man versuchen, sich und anderen vorzumachen und einzureden, dass man viel besitzt und das alles schon irgendwie hinbekommt. Wenn wir sagen würden: »Unsere Hände sind leer.« Was bedeutet das für das Christsein (und die Arbeit in Gemeinde und Kirche) heute? Wenn wir ohne Ausreden sagen: »Unsere Hände sind einfach leer.« Ohne Verweise auf Kirchenmitgliedschaftsstudien, religiöse Pluralität, Säkularisierung, Atheismus. Der Weg beginnt damit zu sagen: »Wir haben nichts!« Die Jünger beweisen dreifachen Mut: (1) Sie vertrauen dem Fremden, sie lassen sich auf ihn ein. (2) Sie sind ehrlich über ihre eigenen Möglichkeiten. Schonungslos halten sie Gott die leeren Hände hin. Und (3) Sie erwarten alles von Jesus und wissen, dass sie die Empfangenden sind, nicht die Gebenden. Das würde man nie tun, wenn man bei sich bliebe.

Joh 21,6: »Er aber sprach zu ihnen: Werft das Netz zur Rechten des Bootes, so werdet ihr finden. Da warfen sie es aus und konnten's nicht mehr ziehen wegen der Menge der Fische.«

Auf die Zärtlichkeit folgt der Auftrag: »Rechts werfen.« Kein Magic Trick. Dasselbe – bewusst – auf sein Wort hin. Und siehe: Fülle. Theologisch sauber: Erst Bekenntnis, dann Gehorsam, dann Frucht. Vertauscht man die Reihenfolge, hat man bald Burnout mit Kirchenkaffee.

Joh 21,7: »Da spricht der Jünger, den Jesus lieb hatte, zu Petrus: Es ist der Herr! Als Simon Petrus hörte: ›Es ist der Herr‹, da gürtete er sich das Obergewand um, denn er war nackt, und warf sich in den See.«

»Es ist der Herr!« – Mystik & Praxis im Duett: Johannes sieht's, Petrus springt. Beide gehören ins Boot: Johannes, der Intuitive, erkennt Gnade am Ergebnis. Petrus, der Pragmatiker, springt ins Wasser, kommt zuerst ans Ufer, schleppt Netze.

Kirchentheorie mit Augenzwinkern: Der Mystiker und der Institutionelle sind keine Feinde, sondern Team ›Berufung‹. Wer nur träumt, kriegt Krämpfe. Wer nur rackert, kriegt Zynismus. Zusammen kriegen sie: ›Flourishing‹.

Joh 21,8–10: »Die anderen Jünger aber kamen mit dem Boot, denn sie waren nicht fern vom Land, nur etwa zweihundert Ellen, und zogen das Netz mit den Fischen. Als sie nun an Land stiegen, sahen sie ein Kohlenfeuer am Boden und Fisch darauf und Brot. Spricht Jesus zu ihnen: Bringt von den Fischen, die ihr jetzt gefangen habt!«

Kohlenfeuer, Brot, Fisch – Gnade serviert vor Leistung: Am Ufer liegt schon Feuer. Brot. Fisch. Übersetzung: Gnade ist zuerst da. Dann sagt Jesus: Bringt auch von euren Fischen. Das Erste, was sie von Jesus hören, ist: »Willkommen!« Er lädt ein zu einer heilsamen Pause. Das Erste ist nicht: »Geh und mach und tu!«, sondern »Mach eine Pause!« Die Jünger bedürfen der Stärkung. Auch wir brauchen Stärkung, wenn wir etwas Neues angehen. Wir arbeiten oft mit seltsam wenig Stärkung. Hier sehen wir den Zuspruch: Der Herr stärkt dich zuallererst!

Einer der Widersprüche des menschlichen Lebens besteht darin, dass man am glücklichsten durch das wird, was man nicht selbst erfindet und macht, sondern durch das, was man vorfindet. Nicht das, was man selbst herstellt, sondern zugestellt bekommt, das, was man an sich geschehen lässt. Die glücklichsten Momente des Menschen sind die, wo man auf etwas stößt, das bereits da ist. Das entwertet nicht das Tun des Menschen. Sondern belohnt es gewissermaßen. Ältere Menschen sagen es vielleicht so:

> »Wie wenig wußte man früher von der objektiv vorhandenen Güte und Vernünftigkeit der Dinge ringsumher, wie sehr war man der Illusion verhaftet, daß erst die eigenen

> Planungen und Handlungen die Welt gewissermaßen von Grund auf vernünftiger gestalten würden! Je ruhiger und bescheidener man wird, je zufriedener sich die ›Fülle‹ des eigenen Lebens einstellt, desto sicherer wächst die Überzeugung, daß man selbst das Entscheidende nicht zu machen braucht, und desto größer wird die Bereitschaft zur Dankbarkeit, desto freudiger wird das Empfinden, daß letztlich alles, das gesamte Dasein, ein unerhörtes und ganz unverdientes Geschenk an den Menschen ist.«[xxxi]

Das ist die ganze reformatorische Dreifaltigkeit in einer Szene:

- Konstitutiva: Er speist. Er ist der Gastgeber.
- Vitalia: Wir antworten – Glaube, Gemeinschaft, Dienst – tragen das, was er möglich macht.
- Adiaphora: Netze, Boote, Strukturen – dienend, reformbereit, bitte nicht wichtiger als die Mahlzeit.
- Nebenwirkung: Wir arbeiten entspannter, wenn wir wissen: Die Küche ist nicht leer. Wir sind Kellner der Gnade, nicht Chefköche der Weltrettung.

Joh 21,10f.: »Spricht Jesus zu ihnen: Bringt von den Fischen, die ihr jetzt gefangen habt! Simon Petrus stieg herauf und zog das Netz auf das Land, voll großer Fische, hundertdreiundfünfzig. Und obwohl es so viele waren, zerriss doch das Netz nicht.«

153 Fische – Fülle ohne Riss (kein Zielzahl-Wunder, ein Gnadenzeichen): Die Zahl kann man symbolisch nehmen (›alle Arten‹), empirisch (»genau richtig, sonst risse das Netz!«) oder pastoralpraktisch (»bitte kontextgemäß und tragfähig planen!«). Die theologische Pointe: Fülle ohne

Zerreißen. Das Netz hält – durch Jahrhunderte, Regime und Krisen – weil er hält. Erfolg ist nicht ein Name Gottes (Martin Buber), aber Frucht ist eines seiner Lieblingshobbys. Wir haken keine Triumphpunkte ab, wir sammeln Erntestellen.

Joh 21,12f.: »Spricht Jesus zu ihnen: Kommt und haltet das Mahl! Niemand aber unter den Jüngern wagte, ihn zu fragen: Wer bist du? Denn sie wussten: Es ist der Herr. Da kommt Jesus und nimmt das Brot und gibt's ihnen, desgleichen auch den Fisch.«

»Kommt, frühstückt!« Mission beginnt mit Empfangen. Jesus lädt ein. Schon wieder »kommt er« – Nähe in Wellen. Missionarische Leidenschaft entsteht am Tisch, nicht an der Flipchart. Wer empfangen durfte (Vergebung, Trost, Sinn), kann einladen, ohne zu verkaufen. Gemeinde als öffentlicher Frühstücksraum: Klagevesper für die Tränen, Evangeliumsminute für die Klarheit, Glaubenskurs im Café für die Fragen, Lern-/Trauercafé für die Stadt. Torten echt. Sprache menschlich. Theologie warm.

14.2 Drei Fragen fürs Nachspüren

- Wo dürfen wir heute ehrlich ›Nein‹ sagen – und leere Hände hinhalten?
- Was bedeutet für uns ›rechts werfen‹ – Dasselbe neu tun?
- Wo lädt uns der Herr zum Frühstück ein – und wen nehmen wir mit?

14.3. Schlusswort mit Augenzwinkern (und Ernst)

Die Jünger kamen mit null Fang, gingen mit Netz voll – und dazwischen lag kein genialer Workshop, sondern Jesus am Ufer. So endet unser Buch – und beginnt unser Weg: Wir ehren Christus im Herzen (1Petr 3,15), wir sind bereit zur Antwort – bescheiden und ehrfürchtig –, wir werfen die Netze bewusst aus, wir frühstücken aus Gnade, und wir rechnen damit, dass Netze halten. Gott backt; wir reichen Teller. Der Rest? Fülle – ohne Riss.

15.

›Flourishing‹ – ein Bühnenstück

Am Montagabend traf sich der Gemeindekirchenrat von Sankt Standlicht zur ›großen Zukunftswerkstatt‹. Auf dem Tisch: Protokolle, Farbstifte, eine Flipchart – und ein Gugelhupf, der aussah, als hätte er schon drei Synoden überlebt.

»Tagesordnungspunkt 1«, begann Herta, die Vorsitzende. »Wir klären, was unverzichtbar ist.« »Kaffee«, sagte Herr Pratsch, Mesner seit 1974. »Wort und Sakrament«, sagte Pfarrerin Lea freundlich, »Kaffee zählt zu den Adiaphora. Wichtig! Aber nicht heilsnotwendig.« »Aha«, brummte Pratsch. »Dann ist Kaffee immerhin nah am Heil.«

Lea malte zwei dicke Kreise: »Konstitutiva = Evangelium, Taufe, Abendmahl. Darauf steht alles. Und jetzt zwischen Rückgrat und Kaffeeküche die Vitalia: Glaube, Gemeinschaft, Dienst.« »Also Hände und Füße«, nickte Herta. »Kein betreutes Wohnen, sondern mitlaufendes Christsein.«

»Und wie prüfen wir das?« fragte Jonas, der Presbyter mit dem Laptop. Lea klappte ein zweites Blatt auf. »Michael Moynagh hilft. Vier Beziehungen:

- Nach oben: beten, feiern, hören.
- Nach innen: tragen, versöhnen, befähigen.

- Nach außen: gastfreundlich dienen und einladen.
- Nach unten – oder besser: in die Breite der Kirche: vernetzt bleiben.«

»Nach unten klingt wie Keller«, murmelte Pratsch. »Aber gut – solange das Licht brennt.«

In diesem Moment fielen, als ob Gott die Pointe liefern wollte, die Neonröhren aus. Die Gruppe saß im Halbdunkel. »Scheinwerfer kaputt«, diagnostizierte Jonas. »Standlicht reicht«, sagte Lea und zündete eine Kerze an. »*Theologia crucis:* Wir verwechseln Wirkung nicht mit Wert.«

Herta klopfte an den Gugelhupf. »Theorie schön. Aber was machen wir praktisch?« Lea zeichnete einen kleinen Polo an den Rand der Flipchart. »Wir fahren Polo-Theologie: bescheiden, verlässlich, kommt durch den Stau. Drei Gänge – mehr hat der alte eh nicht:

1. Christus im Herzen heiligen (1Petr 3,15).
2. Auskunft geben, wenn man uns fragt – bescheiden und ehrfürchtig.
3. Alles so ordnen, dass Menschen Zugang zu Wort und Sakrament finden.«

»Und was ist mit der neuen Nebelmaschine?« fragte Jonas. »Adiaphoron«, sagte Lea. »Kann helfen. Muss nicht.«

Da ging die Tür auf. Schwester Sieglinde steckte den Kopf herein – weißer Kittel, weißes Lächeln, weißer Autoschlüssel. »Entschuldigt die Störung. Ich prob' schon mal die nullte Stunde. Wer braucht morgen früh eine Mitfahrgelegenheit?« »Wir sind hier gerade am Reformieren«, erklärte Herta.

»Reformen sind gut«, sagte Sieglinde. »Aber holt die Leute ab. Der Rest kommt mit.« Sie verschwand so leise, wie sie gekommen war.

»Zurück zur Matrix«, sagte Herta. »Oben?« Lea: »Jeden Gottesdienst eine Evangeliumsminute: in 90 Sekunden klar sagen, was Gott verheißen hat. Plus einmal im Monat Klagevesper. Hoffnung atmet besser, wenn sie weinen durfte.«

»Innen?« »Hauskreise mit ehrlichem Gespräch. Seelsorge-Sprechstunde – nicht nur beim Pfarramt, auch bei Erna am Küchenfenster. Ehrenamtliche segnen und befähigen, nicht nur ausnutzen.«

»Außen?« »Lerncafé am Mittwoch, Trauercafé am Freitag. Und ein Glaubenskurs im Café – nicht im Sitzungssaal. Sprache: Menschlich. Fragen: Erlaubt. Kuchen: Echt.«

»Breite Kirche?« »Regionales Tauf- und Segensfest, Kanzeltausch, gemeinsame Diakonie. Kein Kirchturm-WLAN.« Pratsch hob eine Augenbraue. »Und wenn trotzdem kaum jemand kommt?« Lea lächelte. »Dann leben wir Diaspora-›Flourishing‹: treu, freundlich, ausdauernd. Gott verwechselt unsere Statistik nicht mit seiner Gegenwart. Standlicht brennt auch ohne Applaus.«

Jonas tippte. »Was messen wir?« »Was sich messen lässt: Teilnahme, Teilhabe, Zugehörigkeit. Und was man erzählen muss: Versöhnungen, Berufungswege, Tröstungen. Zahlen sind Thermometer, nicht das Fieber.«

»Und die Strukturreform?« »Hilft, wenn sie Zugänge öffnet. Schadet, wenn bei uns das Evangelium nur noch homöopathisch dosiert wird. Dann ist die Medizin schlimmer als die Krankheit.«

Aus dem Flur drang das Bimmeln eines Handys. »Meine Pulsuhr fragt, ob ich lebe«, flüsterte Jonas. »Sag ihr: genug!«, grinste Lea. »Wir haben Hoffnung.«

Am Ende der Sitzung stand nur noch der Gugelhupf. »Das ist ja fast ein Sakrament geworden«, sagte Herta. »Nein«, korrigierte Lea, »aber ein Adiaphoron mit missionarischem Potenzial.« Sie schnitt ein Stück ab, klopfte an den Tisch und sprach halblaut: »Konstitutiva – Wort & Sakrament. Vitalia – Glaube, Gemeinschaft, Dienst. Adiaphora – Formen, die dienen. Deus providebit.«

»Gesundheit«, sagte Pratsch.

Am nächsten Morgen, sechs Uhr fünf, stand der weiße Polo vor der Kirche. In der morgendlichen Kälte roch es nach Thermoskaffee und ein wenig nach Hoffnung. Zwei Kinder kletterten auf die Rückbank, und während der kleine Motor brummte, begannen sie zu singen – alte, direkte, ein bisschen brachiale Gesangbuchlieder. Die Stadt war noch dunkel; die Neonröhren der Welt gingen erst langsam an. Aber im Inneren des Autos brannte etwas Helles, Warmes, Unaufgeregtes. »Schwester Sieglinde«, fragte eines der Kinder, »warum holen Sie uns immer ab?« »Weil es ›Flourishing‹ ist«, sagte sie, als hätte sie das schon immer so genannt. »Gott backt. Wir reichen Teller. Und wir kommen an – mit Standlicht.« Als sie an der Schule hielten, wachte Jonas' Pulsuhr auf und meldete zufrieden: Stabile Werte. In Sankt Standlicht würde man später sagen, es sei nichts Spektakuläres passiert. Nur das Übliche: Wort gehört, Brot geteilt, Hoffnung erklärt – und irgendwo im Viertel roch es wieder nach Gugelhupf.

Bibliografie

Abraham, Martin: Evangelium und Kirchengestalt. Reformatorisches Kirchenverständnis heute. Berlin und New York 2007. (Theologische Bibliothek Töpelmann Bd. 140)

Amt der VELKD (Hg.): Unser Glaube. Die Bekenntnisschriften der evangelisch-lutherischen Kirche. Gütersloh 6., völlig neu bearbeitete Aufl. 2013.

Bremer, Anne und Wegner, Michael: Gottesdienste feiern mit der ›Gemeindeagende‹ – Kirchenkreis Egeln. In: Moldenhauer, Christiane und Warnecke, Georg (Hg.): Gemeinde im Kontext. Neue Ausdrucksformen gemeindlichen Lebens. Neukirchen-Vluyn 2012, 64–69. (BEG-Praxis)

Brooks, Arthur und Winfrey, Oprah: Build the life you want. New York 2023.

Detje, Malte: Servant Leadership: Führen und Leiten in der Kirchengemeinde im 21. Jahrhundert. Göttingen 2017. (BEG Bd. 23)

Drewermann, Eugen: Tiefenpsychologie und Exegese, Band II, Walter Verlag, Olten und Freiburg im Breisgau 1991, 394–418.

Greenleaf, Robert K.: Servant Leadership. A Journey into the Nature of Legitimate Power and Greatness. Mahwah 1977.

Huber, Wolfgang: Kirche in der Zeitenwende. Gesellschaftlicher Wandel und Erneuerung der Kirche. Gütersloh 1998.

Hütter, Marcus: »›Suchet der Stadt Bestes‹ (Jer 29,7). Diasporatheologie als Öffentliche Theologie bei Wilhelm Dantine. In Konzepte und Räume Öffentlicher Theologie: Wissenschaft – Kirche – Diakonie«, herausgegeben von Reiner Anselm. Öffentliche Theologie (ÖTh) 39. Leipzig 2020.

Kammerer, Wolf, Herbst, Michael, Ritzer, Maike, Todjeras Patrick: Wie geht's denn der Gemeinde? Die Messbarkeit von Well-Being in der Gemeinde – Eine Perspektive kirchenentwickelnden Handelns. In: EvTh 85 (2025), 269–285.

Keller, Timothy: Center Church. Doing Balanced Gospel-Centered Ministry in Your City. Grand Rapids 2012.

Lange, Ernst: Chancen des Alltags. Überlegungen zur Funktion des christlichen Gottesdienstes in der Gegenwart. Stuttgart und Gelnhausen 1965. (Handbücherei des Christen in der Welt Bd. VIII)

–: Sprachschule für die Freiheit. Bildung als Problem und Funktion der Kirche. München und Gelnhausen 1980.

Lomas, Tim, Pawelski, James O. und VanderWeele, Tyler J.: A flexible map of flourishing: The dynamics and drivers of flourishing, well-being, health, and happiness. In: International Journal of Wellbeing, 13 (4), 3665, 13 (4) (2024), 1–38.

Lomas, Tim, Pawelski, James O. und VanderWeele, Tyler J.: Flourishing as ›sustainable well-being‹: balance and harmony within and across people, ecosystems, and time. In: The Journal of Positive Psychology (2024), 1–16.

Moynagh, Michael: Church for every context. An introduction to theology and practice. London 2012.

Müller, Sabrina und Patrick Todjeras: Neue kirchliche Gemeinschaftsformen entwickeln. Eine Handreichung. Zürich 2024.

Newbigin, Lesslie: Das Evangelium in einer pluralistischen Gesellschaft. Neukirchen-Vluyn 2017. (BEG-Praxis)

Ross, Cathy: An Exposition and Critique of the Five Marks of Mission. In: Ernst, Christoph (Hg.): Ekklesiologie in missionarischer Perspektive. Beiträge zur siebenten Theologischen Konferenz im Rahmen des Meissen-Prozesses der Kirche von England und der Evangelischen Kirche in Deutschland, in Salisbury/England (2011) = Ecclesiology in mission perspective. Leipzig 2012, 146–157.

Seligman, Martin: Flourish. Wie Menschen aufblühen. Die Positive Psychologie des gelingenden Lebens. München 2012.

Thomas, Günter: Im Weltabenteuer Gottes leben. Impulse zur Verantwortung für die Kirche. Leipzig 2020.

Todjeras, Patrick, Herbst, Michael und Schröder, Bernhard (Hg.): Regiolokal. Als Kirche aufblühen und zusammenwachsen. Leipzig 2026.

VanderWeele, Tyler J.: Measures of Community Well-Being. In: T. Lee, Matthew, D. Kubzansky, Laura und J. VanderWeele, Tyler (Hg.): Measuring Well-Being. Oxford 2021, 408–434.

VanderWeele, Tyler J.: On the promotion of human flourishing. In: PNAS 114 (31) (2017), 8148–8156.

Volf, Miroslav: Flourishing. Why we need religion in a globalized world. New Haven 2015.

Anmerkungen

i Martin Abraham (2007).

ii Vgl. https://menlo-church-menlo-park.wheree.com/ (1.10.2025).

iii Miroslav Volf (2015), Vorwort.

iv Vgl. Martin Seligman (2012), 25–34: »Die Theorie des Wohlbefindens«.

v Tyler J. VanderWeele (2017), 8149.

vi Tim Lomas, James O. Pawelski und Tyler J. VanderWeele (2024), 18.

vii Vgl. Arthur Brooks und Oprah Winfrey (2023).

viii Tyler J. VanderWeele (2021), 410.

ix Vgl. a. a. O., 408–434.

x A. a. O., 412.

xi A. a. O., 413.

xii Vgl. Robert K. Greenleaf (1977), 27.

xiii Vgl. Ernst Lange (1965).

xiv So verfährt beispielsweise Timothy Keller (2012), 287f.

xv Vgl. Tim Lomas, James O. Pawelski und Tyler J. VanderWeele (2024).

xvi Vgl. Wolf Kammerer, Michael Herbst, Maike Ritzer und Patrick Todjeras (2025), 269–285.

xvii Artikel 7 der Augsburgischen Konfession von 1530, in: VELKD (2013), 50.

xviii Vgl. zum Folgenden durchgängig: Martin Abraham (2007).

xix Michael Moynagh (2012), 115.

xx Vgl. Cathy Ross (2012), 146–157.

xxi Vgl. Patrick Todjeras, Michael Herbst und Bernhard Schröder (2026).

xxii Vgl. dazu auch Günter Thomas (2020).

xxiii Vgl. Wolfgang Huber (1998), 12.

xxiv Vgl. Malte Detje (2017).

xxv Vgl. Martin Seligman (2012), 25–34.

xxvi Vgl. Ernst Lange (1980), 122: »Der Ernstfall des Glaubens ereignet sich draußen, im Leben der Nachbarschaft und im Geschick der Stadt.«

xxvii Vgl. Lesslie Newbigin (2017), 257–269.

xxviii A. a. O., 262.

xxix Vgl. Anne Bremer und Michael Wegner (2012), 64–69.

xxx Jürgen Drewermann (1991), 404.

xxxi A. a. O, 416.

Zu den Autoren

Foto:
Marco Uschmann

Patrick Todjeras, Pfarrer Dr. theol., Jahrgang 1983, studierte Evangelische Theologie in Wien und Los Angeles. Er ist Direktor des Instituts zur Erforschung von Mission und Kirche sowie des Werkes für Evangelisation und Gemeindeaufbau in der Evangelischen Kirche in Österreich und arbeitet zu Themen der Evangelisation, Kirchentheorie und Homiletik.

Michael Herbst, Prof. Dr. theol., Jahrgang 1955, studierte Evangelische Theologie in Bethel, Göttingen und Erlangen. Er war Wiss. Mitarbeiter in Erlangen, Pfarrer in Münster und Bethel und von 1996 bis 2021 Lehrstuhlinhaber für Praktische Theologie und Gründungsdirektor des Instituts zur Erforschung von Evangelisation und Gemeindeentwicklung der Universität Greifswald.